Mike Almara

Ursprung Bibel Band 2

Sprichwörter,

die der Bibel entstammen

mit christlichen Gedichten und Gebeten

1. Auflage 2016

*Gewidmet
Jesus von Nazareth,
und
Manfred, Werner und Gertraut Matern,
sowie
allen weiteren, die uns vorangegangen sind
und nun mehr wissen,
als die Klügsten unter uns.*

*Die Deutsche Nationalbibliothek verzeichnet diese
Publikation in der Deutschen Nationalbibliografie;
detaillierte bibliografische Daten sind im Internet über
http://dnb.dnb.de abrufbar.*

© 2016 Mike Almara

*Skizzen von Walter Kreuzer
geb. 12.05.1932
gest. 24.09.2003*

**Herstellung und Verlag:
BoD – Books on Demand, Norderstedt**
ISBN: 978-3739209548

Inhaltsverzeichnis

Vorwort..….9

Kapitel 1
Der Bibel entstammende Sprichwörter

Spruch 1:
David gegen Goliath …...............…..............................11
Spruch 2:
Alle Jubeljahre...…............21
Spruch 3:
Ungläubiger Thomas......................................…........25
Spruch 4:
Sag niemals nie...................................…..........31
Spruch 5:
Das A und O..................................………......35
Spruch 6:
Sodom und Gomorrha.........................…......…........39
Spruch 7:
Zu einer Salzsäule erstarren...................……...........43
Spruch 8:
Wer von euch ohne Sünde ist, der werfe den ersten Stein.47
Spruch 9:
Einen schweren Gang tun....................................…......51
Spruch 10:
Zum Hals raus hängen …..................…...…........55
Spruch 11:
Ein strahlendes Gesicht haben…........................…......59
Spruch 12:
Der barmherzige Samariter....................…....………...61

Kapitel 2
Christliche Gedichte

Gedicht 1:
Judas..67
Gedicht 2:
Vom Dunkel ins Licht...69
Gedicht 3:
Der Herr kommt bald..71
Gedicht 4:
Herr..73
Gedicht 5:
Hüter meiner Seele...75
Gedicht 6:
Wenn Du mir beweisen kannst 77
Gedicht 7:
Das Kreuz..79
Gedicht 8:
Herr, wir warten 81
Gedicht 9:
Vater, Sohn und Geist..79
Gedicht 10:
Königreich Gottes..81
Gedicht 11:
Alles in Deiner Hand..87
Gedicht 12:
Ein neuer Tag...89

Kapitel 3
Christliche Gebete für verschiedene Anlässe

Gebet 1:
Glaube – Allgemein...91
Gebet 2:
Dankgebet..93
Gebet 3:
Dankgebet – Allgemein 95
Gebet 4:
Allgemein...97
Gebet 5:
Dankgebet für das ewige Leben...............................95
Gebet 6:
Straßenverkehr...97
Gebet 7:
Allgemein...103
Gebet 8:
Götzen...105
Gebet 9:
Allgemein - Besondere Umstände..........................107
Gebet 10:
SOS...109
Gebet 11:
Gebet um Liebe..111
Gebet 12:
Gebet nach Psalm 23..113

Vorwort

Sprichwörter werden oft benutzt, um eine Situation mit einer bildhaft in einfacher Form festgehaltenen Erfahrung zu kommentieren. Die vor langer Zeit geprägten Sprichwörter wurden mit der Zeit zu Lebensregeln und Gemeingut im allgemeinen Sprachgebrauch. Dabei ist uns oftmals gar nicht bewusst, dass viele der heute noch im alltäglichen Leben verwendeten Sprichwörter ihren Ursprung in der Bibel haben. Das Schulwesen im Mittelalter sorgte für die Verbreitung des biblischen Schriftgutes, woraus sich schließlich ein volkstümliches Sprichwortgut entwickelte. Es erstaunt, dass bereits vor annähernd sechs Jahrtausenden formulierte Worte heute noch ihre Gültigkeit besitzen und einprägsame bildhafte Lebensregeln bieten.

Der zweite Band von Ursprung Bibel beschränkt sich wiederum auf zwölf Sprichwörter, die der Bibel entstammen und stellt mit kurzen Geschichten einen Bezug zum heutigen Alltag her. Zwölf christliche Gedichte zum Lobpreis des Herrn erweitern die Beleuchtung der Sprichwörter um Betrachtungen zur Schöpfung des Herrn und des Wirkens seines Sohnes Jesus Christus. Den Abschluss bilden zwölf Gebete für verschiedene Anlässe.

Kapitel 1
Der Bibel entstammende Sprichwörter

Spruch 1:
David gegen Goliath
1. Samuel, Kapitel 17, Vers 1 - 58

Im Herbst 2015 sorgte das Schicksal der damals zehnjährigen Hannah für Schlagzeilen: »Diagnose Kinderdemenz - Eltern kämpfen um ihre Tochter«.

Die seltene Form der Kinderdemenz ist eine grausame Krankheit, die weltweit nur eines von 30.000 Kindern betrifft.

Die erkrankten Kinder verlernen innerhalb weniger Jahre alle Fähigkeiten. Sie können irgendwann nicht mehr laufen, nicht mehr sprechen, nicht mehr schlucken und sie erblinden. Bei Hannah fing es damit an, dass ihre Kraft in den Beinen immer mehr nachließ, und sie oft Schmerzen hatte. Sie erkannte schließlich die Buchstaben nicht mehr und sprach etwas verwaschen.

Doch es gibt eine einzige Chance für Hannah. Ein Medikament, das 2015 noch nicht auf dem Markt erhältlich war, da es noch nicht freigegeben wurde. Eine US-amerikanische Pharmafirma testete das bislang einzige Medikament, das die Krankheit aufhalten könnte. Die Studie war zwar schon geschlossen, aber dennoch gäbe es eine Chance für Hannah, wenn ihr der Hersteller das Medikament außerhalb der Studie geben würde. Dies ist rechtlich durchaus möglich und wird in vielen Fällen so praktiziert. Doch das Unternehmen weigerte sich - obwohl die Firma sogar bestätigte, das das neue Medikament Hannah helfen kann. Die Testergebnisse wurden gefeiert, doch das Kind sollte das Mittel nicht bekommen, da es hierzu noch zu früh sei, so antwortete die Firma den verzweifelten Eltern.

Der Vater wendete sich mit seinem Appell schließlich an die Medien: »Ich hätte nie gedacht, dass es in unserer Gesellschaft so etwas gibt, dass diese Pharmafirmen entscheiden können: Leben oder Tod. Ich empfinde das als Urinstinkt, dass ich natürlich als Vater die Aufgabe habe, das Kind zu beschützen und deshalb stehe ich hier und setze mich dafür ein, dass sie das Medikament hoffentlich bekommt.«

Hannahs Arzt bot sich an, dem Kind das noch nicht zugelassene Medikament zu verabreichen. Seine Anfragen beim Hersteller blieben jedoch leider ohne Erfolg. Es sei zu riskant, Hannah das Präparat zu verabreichen, wurde ihm mitgeteilt. Der Mediziner gab der Presse gegenüber an: »Für Hannah gibt es nur die Alternative, immer mehr an ihren Fähigkeiten zu verlieren und an ihrer Krankheit zu sterben oder jetzt etwas dagegen zu tun.«

Hannahs Eltern gaben nicht auf. Sie starteten im Kampf gegen die Betonköpfe des Pharmariesen die Online-Petition »Save Hannah« und hatten innerhalb eines Monats bereits rund 250.000 Unterzeichner.

Während der Pharmakonzern weiter jegliche Unterstützung ablehnte, verschlechterte sich der Zustand des Mädchens zunehmend. Es fiel ihr u. a. immer schwerer, Spiele zu verstehen.

Auf Intervention der Presse hin wurde angekündigt, dass Ende 2015 eine neue Studie starten soll, die dann aber tatsächlich doch erst im Herbst 2016 beginnen sollte. Dass das Medikament noch rechtzeitig für Hannah auf den Markt kommt, erschien immer unwahrscheinlicher. Doch die Eltern gaben nicht auf, obwohl sie schon am Rande ihrer Kräfte waren. Sie recherchierten jeden Tag im Internet und nahmen Kontakt auf zu anderen betroffenen Familien und Politikern. Der Vater flog nach USA zur Pharmafirma, um Investoren anzusprechen. Obwohl die Online-Petition schon über 380.000 Unterstützer hatte, blieb der Konzern hart. Die Mutter versuchte, die Hoffnung nicht zu verlieren

– obwohl es ihrer Tochter immer schlechter ging und sie zunehmend zum Pflegefall wurde.

Die Ergebnisse der Studien zeigten, dass das neue Präparat tatsächlich die Kinderdemenz aufhalten kann. Doch bis zur Zulassung des lebenswichtigen Medikaments kann es noch Jahre dauern. Damit kann sich die Familie natürlich nicht abfinden.

Wenn die zuständigen Behörden die Studiendaten überzeugen, würde ein sogenanntes »early acces program« starten, gestand das Unternehmen schließlich zu. Die betroffenen Kinder könnten das Mittel dann frühestens im Herbst 2016 erhalten. Es ist fraglich, ob das Hannah noch helfen kann, Doch es ist immerhin ein Teilerfolg. Die Familie wird weiter mit aller Kraft um Hannah kämpfen. Es ist wie der Kampf von »David gegen Goliath«. Wobei der Goliath nicht der Pharmakonzern alleine ist, sondern auch dessen Lobby bei den Regierungen.

Das erste Buch Samuel beginnt mit dessen Geburt und Weihe (1. Samuel, Kapitel 1, Vers 1 - 28).

Im 1. Samuel, Kapitel 3, Vers 1 - 21, wird Samuels Berufung zum Propheten beschrieben.

Über die Salbung zum König von Israel, wird in 1. Samuel, Kapitel 9, Vers 1 - 27, berichtet.

In 1. Samuel, Kapitel 15, Vers 34 und 35, lesen wir Folgendes:

»Und Samuel ging nach Rama. Saul aber zog in sein Haus hinauf nach Gibea - Saul. Und Samuel sah Saul nicht mehr bis zum Tag seines Todes. Denn Samuel trauerte um Saul, da es den Herrn reute, dass er Saul zum König über Israel gemacht hatte.«

Die Trauer Samuels über Saul bezieht sich auf die Verwerfung Gottes, dass er nicht mehr König über Israel sei. Die Bibelstellen werden hier angeführt, da sie zum besseren Verständnis für die »Salbung Davids zum König« dienen.

Der Herr stellte Samuel die Frage, wie lange er noch gedenke Saul nachzutrauern. Er solle sein Horn mit Öl füllen. Denn er wolle ihn zu dem Bethlehemiter Isai senden. Gott habe sich unter dessen Söhnen einen neuen König für Israel auserwählt. Samuel aber hatte Angst zu gehen. Er glaubte, dass ihn Saul umbringen würde, wenn er davon hören würde.

Der Herr aber beauftragte ihn eine junge Kuh mit sich zu nehmen. Er sollte sagen, dass er gekommen sei, um dem Herr ein Opfer darzubringen, und Isai dazu einladen. Gott werde Saul dann zu erkennen geben, was er tun solle.

Er solle ihn dem zum Neuen König salben, den er ihm nennen würde. Samuel folgte dem Auftrag des Herrn und ging nach Bethlehem. Als er dort ankam, liefen ihm die Ältesten der Stadt Bethlehem entgegen, und wollten von ihm wissen, ob er mit friedlichen Absichten komme. Er bejahte dies und sagte zu ihnen, dass er gekommen sei, um dem Herrn ein Opfer zu bringen. Er lud sie dazu ein, auch Isai und seine Söhne. Als er Eliab, den Sohn Isais sah, glaubte er, dass dieser derjenige sei, den er vor Gott salben sollte. Gott aber ermahnte ihn, nicht auf dessen Aussehen und seine große kräftige Figur zu sehen. Ihn habe der Herr nicht auserwählt.

Gott schaut nicht auf das, was der Mensch anschaut. Der Mensch sieht immer nur auf das, was ihm vor Augen ist. Schönheit, Kraft usw.. Der Herr aber sieht auf das Herz.

Isai zeigte Samuel seine sieben Söhne, Einen nach dem Anderen. Samuel aber musste feststellen, dass der Herr keinen von ihnen erwählt hatte. Er fragte deshalb Isai, ob dies alle Söhne waren. Nein, der Jüngste sei noch übrig. Er weidete die Schafe. Samuel bat deshalb Isai, dass er ihn holen lassen solle. Sie würden sich nicht zu Tisch setzen, ehe er hierhergekommen sei. So ließ man ihn holen, wie Samuel es gewollt hatte.

Als David (David bedeutet »der Geliebte«) nun vor Samuel stand, musste er feststellen, dass er braungebrannt war. Er hatte schöne Augen und sah gut aus.

Da sprach der Herr zu Samuel, dass er ihn salben solle. Ihn, David, habe er auserwählt, König von Israel zu werden.

Daraufhin nahm Saul sein Ölhorn und salbte David mitten unter seinen Brüdern. Diese dürften etwas verblüfft gewesen sein, dass der kleine David der Auserwählte Gottes sein sollte. Normalerweise dürfte dies doch dem Erstgeborenen zustehen. Aber der Geist des Herrn geriet über David, von diesem Tag an und darüber hinaus.

Samuel aber machte sich auf und ging nach Rama, als er den Auftrag Gottes erfüllt hatte (1. Samuel, Kapitel 16, Vers 1 – 13).

Saul aber wurde von einem bösen Geist geängstigt. Seine Knechte meinten, dass es gut wäre, einen Mann zu suchen, der die Zither spielen könne.

Sie sagten, wenn der böse Geist über ihn kommen würde, so solle der Mann mit seiner Hand die Zither spielen und es würde ihm besser gehen. Saul pflichtete ihnen bei.

Einer seiner jungen Männer meinte, er kenne solch einen Mann. Er sei ein Sohn des Bethlehemiters Isai. Er sei ein tapferer Mann, welcher die Zither zu spielen wusste, tüchtig im Kampf und des Wortes mächtig. Er sei von guter Gestalt, und der Herr sei mit ihm.

Kurzerhand ließ Saul diesen Mann, David, holen. So kam David zu Saul und diente ihm. Saul mochte ihn sehr und machte ihn zu seinem Waffenträger.

Jedesmal, wenn der böse Geist über Saul kam, spielte David auf der Zither. Daraufhin fand Saul Erleichterung, es ging ihm besser, und der böse Geist wich von ihm (1. Samuel, Kapitel 16, Vers 14 - 23).

Die Philister und auch die Männer von Israel sammelten sich zum Kampf. Sie stellten sich in Schlachtordnung gegenüber auf. Jeder auf einen Berg, so dass ein Tal zwischen ihnen lag.

Plötzlich trat ein Vorkämpfer aus dem Lager der Philister vor. Sein Name war Goliath. Er war sechs Ellen (1 Elle ist 45 cm) und eine Spanne (1 Spanne ist eine halbe Elle, 22,5 cm) groß. Ein bronzener Helm saß auf seinem Kopf. Er war mit einem Schuppenpanzer bekleidet, dessen

Gewicht 5000 Schekel (1 Schekel ist 11,2 - 12,2 Gramm) Bronze betrug. Er war mit bronzenen Schienen an seinen Beinen bekleidet und hatte ein ebenfalls bronzenes Krummschwert auf seiner Schulter. Die Spitze seines Speers wog sechshundert Schekel und war aus Eisen.

Er musste schon ein furchterregendes Bild abgegeben haben. Sein Schildträger ging vor ihm her.

Goliath trat also in seiner vollen Größe vor und rief den Israeliten, mit sicherlich gewaltiger Stimme zu, sie sollen einen Mann von ihnen bestimmen, der zu ihm kommen solle. Sollte dieser Mann in der Lage sein mit ihm zu kämpfen und ihn sogar erschlagen können, dann wollten sich die Philister ergeben und die Knechte Israels sein. Wenn jedoch er siegen würde, sollten die Israeliten ihnen dienen.

Es dürfte verständlich sein, dass Saul und seine Krieger niedergeschlagen waren, als sie dies hörten. Sie fürchteten sich sehr. Wer konnte diesem Riesen das Wasser reichen und ihn besiegen?

David, der bei Saul im Lager war, ging ab und zu weg, um die Schafe seines Vaters zu weiden. Goliath trat 40 Tage lang morgens und abends heraus und stellte sich hin. David machte sich eines morgens früh auf, in das Lager der Israeliten zu Saul, und überließ die Schafe einem Hüter. Langsam schienen die Philister und die Israeliten die Geduld zu verlieren. Sie stellten sich auf, Schlachtreihe gegen Schlachtreihe. Goliath trat wieder aus der Schlachtreihe der Philister und redete wieder die selben Worte; und David hörte es. Als aber alle Männer von Israel den Mann sahen, flohen sie vor ihm und fürchteten sich sehr.

Sollte jemand in der Lage sein Goliath zu erschlagen, den wollte Saul sehr reich belohnen. Er wollte diesem Mann seine Tochter zur Frau geben, und dessen Vater brauche nie mehr Abgaben (Steuern) zahlen. David hörte dies.

Saul ließ ihn holen. David sagte, dass er hingehen und mit diesem Philister kämpfen wolle. Saul meinte jedoch, dass David noch zu jung sei und keine Kriegserfahrung habe. David jedoch erzählte von seinen Kämpfen, bei denen der Herr mit ihm war, mit Löwen und Bären, die er beim Hüten der Schafe seines Vaters bestritten hatte.

Saul sagte zu David: »Geh hin, der Herr sei mit dir.« Er legte David seine Rüstung an. Einen bronzenen Helm und einen Schuppenpanzer. Als David Sauls Schwert gürtete, sagte er zu ihm, dass er damit nicht gehen könne. Er habe schließlich noch nie mit einem Schwert gekämpft. Seine Waffe sei die Steinschleuder.

David legte die Rüstung wieder ab. Er nahm seinen Stab und fünf glatte Steine aus einem Bach. Diese steckte er in seine Hirtentasche, die ihm als Schleudertasche diente. Er nahm seine Schleuder in die Hand und ging Goliath entgegen, um sich dem Kampf mit ihm zu stellen.

Goliath kam immer näher auf David zu, und verhöhnte ihn (und Gott).

Er sprach zu David: »Bin ich denn ein Hund, dass du mit Stöcken zu mir kommst? Komm her zu mir, dass ich dein Fleisch den Vögeln des Himmels und den Tieren des Feldes gebe.«

Er musste schon ein etwas komisches Bild abgegeben haben, der kleine Hirtenjunge David, wie er da so vor dem großen Krieger Goliath stand und ihn zum Kampf herausforderte.

Aber David antwortete Goliath: »Du kommst zu mir mit Schwert, Lanze und Krummschwert. Ich aber komme zu dir mit dem Namen des Herrn der Heerscharen, des Gottes der Schlachtreihen Israels, den du verhöhnt hast. Heute wird der Herr dich in meine Hand ausliefern, und ich werde dich erschlagen und dir den Kopf abhauen. Und die Leiche des Heeres der Philister werde ich heute noch den Vögeln des Himmels und den wilden Tieren der Erde geben. Und die ganze Erde soll erkennen, dass Israel einen Gott hat. Und diese ganze Versammlung soll erkennen, dass der Herr nicht durch Schwert oder Speer errettet. Denn des Herrn ist der Kampf, und er wird euch in unsere Hand geben.«

Goliath näherte sich nun David. Dieser lief ihm eilends

entgegen, griff mit der Hand in seine Tasche, nahm einen Stein heraus, und schleuderte ihn mit seiner Steinschleuder Goliath an die Stirn. Er fiel zur Erde auf sein Gesicht.

So bezwang David mit seiner Schleuder Goliath. Da David kein Schwert hatte, lief er zu Goliath, nahm dessen Schwert, tötete ihn vollends und hieb ihm den Kopf damit ab. Als die Philister dies sahen, ergriff sie Panik und sie flohen.

Die Männer von Israel erhoben daraufhin ein Kriegsgeschrei, jagten die Philister noch ein Stück und erschlugen noch einige von ihnen. Dann kehrten die Krieger in das Lager der Philister zurück, um es zu plündern. Diese hatten ja fluchtartig ihr Lager verlassen.

David nahm den Kopf Goliaths und brachte ihn später nach Jerusalem. Saul hatte gesehen, wie David gegen Goliath gekämpft hatte und wollte nun von seinem Heerobersten wissen, wessen Sohn David ist.

Er aber antwortete ihm, das er dies nicht wisse.

Abner, der Heeroberste, nahm David und brachte ihn vor Saul. David hatte noch immer den Kopf Goliaths in der Hand.

Saul sagte zu ihm: »Wessen Sohn bist du, junger Mann?«

David antwortete: »Der Sohn deines Knechtes Isai, des Bethlehemiters.«

Obwohl David für Saul die Zither spielte und sein Waffenträger war, musste Saul nicht unbedingt seinen Namen und seine Abstammung wissen. Er war ja nur ein »kleiner Diener« mit seinem Aufgabenbereich. Ein König hatte so viele Knechte, das er nicht über alle Bescheid wissen konnte.

So hatte »David gegen Goliath« gesiegt (1. Samuel, Kapitel 17, Vers 1 - 58.)

David wurde später der »größte« König über Israel. Er tat Dinge, die in den Augen Gottes gut waren, aber auch Dinge, die in den Augen Gottes schlecht waren (Sünden).

Aber er war ein Mann Gottes, und Mitverfasser der

Psalmen. Sein Sohn war niemand Geringerer, als der »weise Salomon«. Salomon war auch der König Israels, welcher den Tempel in Jerusalem für den Herrn baute.

Spruch 2:
Alle Jubeljahre
3. Buch Mose - Leviticus, Kapitel 25, Vers 1 - Vers 55

Die Zeitungen, Boulevardzeitschriften und andere Medien sind voll von Berichten über Geburtstage, Jahrestage, Jahresfeiern von Konzernen, historischen Begebenheiten und Gedenktagen. Jubiläen sind in Mode, könnte man meinen. Für 2016 hat der Autokonzern BMW ein ganzes Jubeljahr zum 100sten Jahr seit der Firmengründung ausgerufen. Man müsste Jubiläen glatt erfinden, wenn es sie nicht schon gäbe.

Axel Noack, Professor für Kirchengeschichte an der Martin-Luther-Universität, merkt zum Jubiläum Folgendes an:

»Im Jahre 1717, zum 200. Reformationsjubiläum, hat der Prorektor der damals jungen Universität Halle, der Jurist und Historiker Johann Peter Ludewig, in einer berühmten »Dica Jubileorum«, also einer »Anklagerede gegen die Jubiläen« darauf hingewiesen, dass Jubiläen zu feiern keine evangelische Eigenart sei. Luther selbst habe sie verworfen. Wollte man hingegen die Einrichtung eines Jubiläums mit dem Hinweis auf das sogenannte Jobeljahr, also das biblische Erlassjahr rechtfertigen, wie es bei Mose (3. Mose 25,8 ff.) beschrieben wird, dann hätte die Christenheit in eine kritische Prüfung der Situation einzutreten und Korrekturen vorzunehmen. Für das Jahr 1717 schreibt Ludewig: »Die gegenwärtige Lage des Protestantismus ist auch wahrlich nicht danach angetan, Jubelfeste zu feiern.«
(Quelle: Artikel »Kommt Jubiläum von Jubeln?« vom 31. Oktober 2015 in www.glaube-und-heimat.de)

Im 3. Buch Mose, Kapitel 25, Vers 1 - Vers 55 wird berichtet, was ein Jobeljahr ist und welche Bedeutung es hat. Man kann auch von einem Hall- oder Erlassjahr sprechen.

In der Elberfelder Bibel (welche wir zur Erläuterung der Sprichwörter herangezogen haben) wird das Wort »Jobeljahr« verwendet.

Es ist also kein Druck- oder Rechtschreibfehler, wenn hier vom »Jobeljahr« gesprochen wird. Das Kapitel 25, im 3. Buch Mose - Leviticus, Vers 1 - Vers 55, setzt sich aus 5 Teilen zusammen. Es geht hier nicht nur um das Jobeljahr, sondern auch um das Sabbatjahr. Denn ohne die Sabbatjahre würde es kein Jobeljahr geben.

Im 3. Buch Mose, Kapitel 25, Vers 1 - Vers 7, wird über das Sabbatjahr berichtet. Darauf folgt in den Versen 8 - 12 das Jobeljahr, mit dem wir uns kurz befassen wollen. Danach folgt in Vers 13 - Vers 28, was das Jobeljahr für das Land bedeutet und die Wohnhäuser in den Versen 29 – 34. Zum Abschluss wird noch in den Versen 33 - 55 die Bedeutung des Jobeljahres für die Armen und Leibeigenen geschildert.

Der Ursprung des Wortes »Jobel(-Jahr)« entspringt aus dem Hebräischen. Dort bedeutet es »Widderhorn« oder auch »Freudenschall«. Wir wollen jedoch kurz auf die Sabbatjahre eingehen, die vor dem Jobeljahr kommen. Danach sollte ein Feld sechs Jahre besät und sechs Jahre ein Weinberg beschnitten werden. Im 7. Jahr sollte ein feierlicher Sabbat für das Land sein, der für den Herrn war. In diesem Jahr sollte kein Feld besät und auch kein Weinberg beschnitten werden. Es sollte aber auch keinerlei Ernte stattfinden.

Das Volk Israels sollte 7 solcher Sabbatjahre einhalten, sieben mal 7 Jahre, so dass die Tage von sieben Sabbatjahren 49 ausmachen würden.

Im 7. Monat, am Zehnten des Monats, sollte man ein Lärmhorn erschallen lassen, welches den Versöhnungstag einläutete.

Jedes 50. Jahr war also ein Jobeljahr, ein heiliges Jahr.

Was bedeutet dies für das Volk Israel?

Es wurde Freiheit ausgerufen. So kam jeder wieder zu seinem Besitz. Es fand Familienzusammenführung statt, da jedermann zurück zu seiner Familie kam. Alle Fehler wurden berichtigt. Sogar die Leibeigenen wurden ausgelöst. Es war die Zeit der Rückkehr, die gesegnete Zeit der Wiederherstellung und Erlösung. Das Jobeljahr diente auch dem Zweck, das Volk daran zu erinnern, dass der Eigentümer des Landes Gott selbst war. Somit wurde aber auch verhindert, dass die Reichen das Land Stück für Stück in die Hand bekamen.

Spruch 3:
Ungläubiger Thomas
Johannes, Kapitel 20, Vers 1 - 29

Im November 2013 begann Papst Franziskus auf dem Petersplatz in Rom das Hochamt zum Ende des »Jahres des Glaubens«. Benedikt XVI. hatte ein Jahr zuvor das Jahr 2013 zur Neuevangelisierung der immer glaubensmüderen westlichen Welt erklärt.

Das erste »Jahr des Glaubens« wurde 1968 vom damaligen Papst Paul VI. zum 1900sten Jahrestag des Martyriums von Petrus und Paulus gefeiert. Paul VI. hatte in diesem Jahr die sterblichen Überreste eines Mannes als Knochen ausgegeben, die mit »großer Wahrscheinlichkeit« die des Apostel Petrus gewesen seien. Sie stammten aus einer Nische unter dem Hochalter von Sankt Peter, wo eine Mauer Inschriften über Petrus aus dem ersten Jahrhundert nach Christus trägt. Für den Gottesdienst zum Hochamt wurde die Kassette mit acht Knochen, die jeweils zwei bis drei Zentimeter groß sind, den Gläubigen präsentiert. Ansonsten befindet sie sich in der päpstlichen Privatkapelle im Apostolischen Palast.

Doch niemand kann wissen, ob diese Splitter tatsächlich von Petrus stammen. Es gibt keinen Beweis, nicht einmal einen Beleg dafür, dass er tatsächlich in Rom war. In frühen Texten findet man, dass er bei den Christenverfolgungen des Kaisers Nero nach dem Brand der Stadt im Sommer 64 n. Chr. getötet wurde, doch auch dies lässt sich nicht mehr belegen.

Es gibt allerdings weitere Hinweise auf Gräber der Apostel Petrus und Paulus im Vatikan. Etwa im Jahr 170 n. Chr., schrieb der Älteste der frühen Kirchengemeinde, Gaius: »Ich kann die Tropaia (Anm. d. Verf.: Denkmäler mit Hinterlassenschaften der Geehrten) der Apostel zeigen, denn wenn du zum Vatikan gehen willst oder auf die Straße nach Ostia, wirst du die Tropaia derer finden, die diese Kirche gegründet haben«.

Sicher erscheint es zunächst als etwas fragwürdig, ein paar 2000 Jahre alte Knochen für menschliche Überreste von Petrus zu erklären. Auch der emeritierte Papst Benedikt XVI. fordert einen kritischen Verstand für den Glauben. Wer jedoch für alles und überall Beweise fordert, bleibt ein »Ungläubiger Thomas« und fällt schließlich gänzlich vom Glauben ab.

Papst Pius XII. ließ das Grab, das dem Apostel zugeschrieben wurde, als erster archäologisch untersuchen. 1949 war die Freilegung abgeschlossen. Zwei Grabreihen aus dem ersten Jahrhundert nach Christus kamen zutage. Kaiser Konstantin hatte eine bis dahin offenbar genutzte Grabanlage zuschütten lassen. Lediglich die Gedenkstätte aus zwei Säulen wurde belassen, um sie als Krypta unter dem Hauptaltar in das Zentrum der Basilika darüber zu rücken.

So ist nun gesichert, dass Konstantin auf dem Vatikanhügel ein bestehendes Denkmal für Petrus nutzte, um darüber den Altar seiner ersten Petrusbasilika errichten zu lassen, wo auch der heutige Hochaltar steht.

1951 wurde es offiziell zum Grab des Petrus erklärt. Die Gebeine seien laut Archäologenmeinung wohl seinerzeit von Konstantin aus der Grube geholt und in der besagten Mauernische geborgen worden, wahrscheinlich, um sie vor Feuchtigkeit oder Raub zu schützen. Ein weiterer Beleg, der auf die Grabstätte des Petrus hindeutet, ist ein Graffito in der Mauer hinter den beiden Säulen mit dem griechischen Hinweis: »PETR...ENI«, was mit »hier liegt Petrus« übersetzt werden kann. So kann auch ein »Ungläubiger Thomas« in der heutigen Zeit Überzeugung erlangen, die seinen Glauben festigt, indem er die Zeichen als solche anerkennt.

An einem Sonntagmorgen, als es noch finster war, kam Maria Magdalena zu der Gruft, in die Jesus nach seiner Kreuzigung gelegt wurde.

Als sie dort hin kam, war sie sehr erstaunt, denn der Stein, der die Gruft verschlossen hatte, war vom Eingang weggerollt worden. Um dies zu tun, war die Kraft mehrerer Männer erforderlich.

Ganz verwirrt lief sie zu Petrus. Es wird hier auch noch von einem »anderen Jünger, den Jesus lieb hatte« gesprochen. Dies lässt auf den Jünger Johannes schließen. Er war der »Lieblingsjünger« von Jesus und der Verfasser dieser Bibelstelle im Johannesevangelium.

Entrüstet über das Verschwinden ihres Herrn berichtet sie den beiden Jüngern, dass Jesus nicht mehr in der Gruft war. Sie wissen nicht, wo er geblieben ist.

Dann liefen Petrus und der andere Jünger zu der Gruft. Der andere Jünger war so schnell, dass er als Erster bei der Gruft war. Er sah die Leinentücher, ging aber nicht in das Grab. Als Petrus ankam, ging er in die Gruft und sah ebenfalls die Leinentücher und das Schweißtuch dort liegen, das auf Jesu Haupt gelegen hatte. Es lag nicht mehr zwischen den Leinentüchern, sondern an einer bestimmten Stelle.

Nun wagte sich auch der andere Jünger hinein, er sah es und glaubte.

Die Jünger waren sicherlich sehr aufgeregt über das Verschwinden ihres Herrn Jesus Christus aus der Gruft. Denn sie verstanden die Schrift noch nicht, dass er aus (von) den Toten auferstehen musste. Sie konnten nichts anderes tun, als wieder heimzugehen (Johannes, Kapitel 20, Vers 1 - 10).

Maria war offensichtlich wieder zu dem Grab zurückgekehrt. Sie stand nun vor der Gruft und weinte, denn ihr geliebter Herr war einfach verschwunden. Als sie so in die Gruft sah, saßen plötzlich zwei Engel in weißen Kleidern darin, einer am Kopfende und einer am Fußende, wo Jesus gelegen hatte.

Sie fragten Maria, warum sie denn weine. Offensichtlich unbeeindruckt vom Erscheinen dieser Engel antwortete ihnen Maria, dass sie ihren Herrn aus dem Grab genommen haben. Sie wisse nicht, wo er geblieben sei.

Ohne ersichtlichen Grund drehte sie sich um, und Jesus stand vor ihr. Aber sie erkannte ihn nicht.

Auch er fragte, warum sie denn weine und wen sie suche.

Maria glaubte, dass dies der Gärtner sei. Sie sagte zu ihm, wenn er ihn (Jesus) weggenommen habe, solle er ihr doch bitte sagen, wo er ihn hingelegt habe.

Jesus aber sprach zu ihr: »Maria«.

Da erkannte sie ihn und sprach: »Rabbuni«. Das heißt Lehrer (Ausdruck gesteigerter Ehrerbietung für die Anredeformel »Rabbi«). Offensichtlich wollte sie in ihrer Freude, Jesus zu sehen, ihn umarmen.

Jesus aber forderte sie auf, ihn nicht anzurühren. Er sei noch nicht aufgefahren zum Vater. Er gab ihr den Auftrag, zu seinen Brüdern (hier spricht Jesus das erste Mal von seinen Jüngern als Brüder) zu gehen und ihnen Folgendes zu sagen: »Ich fahre auf zu meinem Vater und eurem Vater und zu meinem Gott und eurem Gott.«

Maria Magdalena tat, wie ihr von Jesus geheißen wurde (Johannes, Kapitel 20, Vers 11 – 18).

An jenem Sonntagabend verschlossen die Jünger ihre Türen aus Angst vor den Juden. Sie waren es, die den Herrn Jesus Christus ans Kreuz schlagen ließen. Verständlicherweise könnten sie es auch auf die Jünger, die Jesus nachgefolgt waren, abgesehen haben.

Plötzlich aber stand Jesus in ihrer Mitte und sagte: »Friede euch.«

Aber die Türen waren doch verschlossen. Wie konnte dies sein?

Dann zeigte er ihnen seine Wundmale in den Händen und die Seite, in welche von einem römischen Soldaten mit dem Speer gestoßen wurde.

Die Jünger freuten sich, als sie den Herrn sahen.

Jesus sprach noch einmal zu ihnen: »Friede euch. Wie der Vater mich ausgesandt hatte, sende ich auch euch.«

Dann hauchte er sie an und sprach: »Empfangt Heiligen Geist. Wenn ihr jemandem die Sünden vergebt, dem sind sie vergeben, wenn ihr sie jemandem behaltet, sind sie (ihm) behalten.«

Jesus macht hier deutlich, dass die Sündenvergebung nicht nur durch die Institution Kirche, sondern durch jeden gläubigen Christen, der an ihn glaubt, erfolgen kann.

Der Jünger Thomas war bei diesem Ereignis nicht dabei. Die anderen Jünger berichteten ihm von dem Erlebnis mit ihrem auferstandenen Herrn Jesus Christus.

Er aber sprach zu ihnen: »Wenn ich nicht in seinen Händen das Mal der Nägel sehe und meine Finger in das Mal der Nägel lege und lege meine Hand in seine Seite, so werde ich nicht glauben.«

So wurde er zum »Ungläubigen Thomas«.

Nach einer Woche, als die Jünger wieder zusammen waren, war Thomas bei ihnen.

Plötzlich kam Jesus, obwohl die Türen verschlossen waren, und trat in die Mitte und sprach: »Friede euch.«

Er wandte sich an Thomas: »Reiche deinen Finger her uns sieh´ meine Hände und reiche deine Hand her und lege sie in meine Seite und sei nicht ungläubig, sondern gläubig.«

Da erkannte ihn Thomas, seinen Herrn und seinen Gott, und glaubte nun, dass er auferstanden ist.

Jesus sagte zu ihm: »Weil du mich gesehen hast, hast du geglaubt. Glückselig (sind), die nicht gesehen und (doch) geglaubt haben.« (Johannes, Kapitel 20, Vers 19 - 29)

Spruch 4:
Sag niemals nie
Lukas, Kapitel 22, Vers 54 - 62

Sie wurden angefeindet, verurteilt, verspottet und erreichten durch die Medien eine gewisse Berühmtheit. Die späten Mütter. Frauen, die in fortgeschrittenem Alter nochmals Mutter wurden. Es sei wider die Natur und es seien arme Kinder, die eine Mutter bekommen, die ihre Großmutter oder sogar Urgroßmutter sein könnte, hieß es. Tatsächlich war es nicht die Natur, die zu dem späten Nachwuchs verhalf, sondern die moderne Medizin.

Jüngst wurde eine Deutsche bekannt als älteste Vierlingsmutter der Welt. Im Alter von 65 Jahren brachte sie im Mai 2015 Vierlinge zur Welt. Als sie sich in der Ukraine künstlich befruchten ließ, hatte sie bereits 13 Kinder und 8 Enkel. Die Vierlinge wurden in der 26. Schwangerschaftswoche per Kaiserschnitt geholt und wogen bei der Geburt unter einem Kilo.

Einige Wochen später waren sowohl Gewicht, als auch Größe mit neun Kilo und ca. 70 Zentimetern im Normalbereich. Die pensionierte Lehrerin meisterte die Situation recht gut, trotz des Stresses. Natürlich halfen ihr die übrigen Kinder.

Sie sagte ja zum neuen Leben und das Leben sagte ja zu ihr. Auch wenn es wider die Natur zu sein scheint, haben die Kinder ein Recht geboren zu werden und die Mütter ein Recht, dies zu ermöglichen, denn das von Gott geschenkte Leben fragt nicht nach den Umständen, sondern es ist einfach und zum geschenkten Leben soll man niemals nie sagen. Ansonsten würde man die gottgegebene Möglichkeit, Leben zu schenken, verleugnen.

In allen vier Evangelien von Matthäus, Markus, Lukas und Johannes, wird von der Verleugnung Jesu durch Petrus berichtet.

In Matthäus ist dies Kapitel 26, Vers 69 - 75, in Markus, Kapitel 14, Vers 66 - 72, in Lukas, Kapitel 22, Vers 54 - 62 und in Johannes, Kapitel 18, Vers 12 - 27.

Jeder der vier Evangelisten legt den Schwerpunkt seines Berichtes auf seine persönliche Art und Weise, und auf die persönlichen Empfindungen, mit den Erlebnissen seines Herrn Jesus Christus dar. Der eine legt seinen Schwerpunkt mehr auf die Wunder und Werke, die Jesus vollbracht hat, der andere berichtet nicht einmal von der Geburt Jesu, sondern beginnt mit dem Auftreten Johannes des Täufers. Es waren vier unterschiedliche Charaktere; z. B. hat der Apostel Johannes (der Lieblingsjünger von Jesus) eine andere Art über Jesus zu berichten, als Lukas, der Arzt war.

Es ist nicht nötig, hier auf alle vier Evangelien einzugehen, da sie alle im Wesentlichen das Gleiche berichten. Wir nehmen einfach die Verleugnung Jesu durch Petrus, wie sie im Lukas-Evangelium berichtet wird, um das Sprichwort »Sag niemals nie« anhand dieser Bibelstelle zu erläutern und uns etwas näher zu bringen.

Vor der Verleugnung Jesu durch Petrus geschah jedoch noch laut Lukas, Kapitel 22, Vers 19 - 20, die »Einsetzung des Herrenmahls« (Abendmahl): »Und er nahm Brot, dankte, brach und gab es Ihnen und sprach: »Dies ist mein Leib, der für euch gegeben wird. Dies tut zu meinem Gedächtnis.« Ebenso nahm er auch den Kelch nach dem Mahl und sagte: »Dieser Kelch ist der Bund in meinem Blut, das für euch vergossen wird«.«

In Lukas, Kapitel 22, Vers 21 - 38, finden wir die Ankündigung des Verrats Jesu durch Judas; es geht dort auch um die »Wahre Größe im Reich Gottes«.

Was uns jedoch hier nun interessiert, ist die Ankündigung der Verleugnung durch Petrus und der Vollendung Jesu. Hier bekundet Petrus seine Loyalität zu Jesus. Ganz egal was auch geschehe, er sei bereit auch mit ihm ins Gefängnis und sogar in den Tod zu gehen.

Jesus aber sprach: »Ich sage dir, Petrus, der Hahn wird heute nicht krähen, ehe du dreimal geleugnet hast, dass du mich kennst.«

Diese Aussage musste Petrus hart getroffen haben, er konnte sich so etwas nicht vorstellen.

Als nächstes wird in Lukas, Kapitel 22, Vers 39 – 46, beschrieben, wie Jesus in den Garten Gethsemane mit seinen Jüngern geht. In Lukas, Kapitel 22, Vers 47 – 53, wird von der Gefangennahme und dem Verrat durch Judas berichtet.

In Lukas, Kapitel 22, Vers 54 – 62, wird nun von der Verleugnung Jesu durch Petrus berichtet. Jesus wurde verhaftet und in das Haus des Hohepriesters gebracht.

Petrus aber folgte von Weitem. Er nahm also schon »Abstand« von Jesus, damit man ihn nicht mit ihm in Verbindung bringen würde. Petrus hatte bestimmt Angst, auch verfolgt und angeklagt zu werden, sonst hätte er sich nicht so verhalten.

Im Hof des Hauses des Hohepriesters wurde ein Feuer angezündet und verschiedene Leute setzten sich dort hin, um sich zu wärmen. Petrus setzte sich zu Ihnen. Eine Magd sagte, dass dieser (Petrus) zu Jesus gehöre. Petrus aber leugnete dies ab und sagte zu der Frau, dass er Jesus nicht kenne. Kurz darauf behauptete ein anderer, dass Petrus auch einer von ihnen war, die zu Jesus gehörten.

Petrus aber sprach: »Mensch, ich bin´s nicht!«

Dann verging etwa eine Stunde, bis ein anderer behauptete: »In Wahrheit, auch dieser war mit ihm, denn er ist auch Galiläer.«

Petrus aber wollte ihn glauben machen, dass er nicht wisse, was er sage: »Und sogleich, während er noch redete, krähte ein Hahn.«

Vollständigkeitshalber muss hier noch angeführt werden, dass die drei anderen Evangelien an dieser Stelle vom Lukas Evangelium abweichende Aussagen über das »Krähen des Hahnes« machen. Dies ist aber weiter nicht wichtig. Damit können sich die Theologen auseinandersetzen und darüber streiten.

Jesus, der sich auch im Hof befunden haben musste, wandte sich um und blickte Petrus an, seinen Jünger, der ihn über alles liebte, der drei Jahre mit Jesus unterwegs gewesen war sowie Zeichen und Wunder mit ihm (durch ihn) erleben durfte.

Was musste nun in diesem Mann vorgehen, der seinen Herrn verleugnet hatte? Petrus dachte an das Wort des Herrn, wie er ihm vorausgesagt hatte, dass, bevor ein Hahn heute kräht, er ihn dreimal verleugnen würde. Er konnte bestimmt selber nicht glauben, dass er dies nun wirklich getan hatte. Es musste ihm an Herz und Nieren gegangen sein, denn er ging weg vom Hof und weinte bitterlich.

Da sogar Petrus das Unwahrscheinlichste für ihn getan hatte, nämlich Jesus zu verleugnen, sollte man niemals nie sagen.

Spruch 5:
Das A und O
Offenbarung, Kapitel 1, Vers 8, Kapitel 21,
Vers 6 und Kapitel 22, Vers 13

Im Zuge des Klimawandels kommt es in Deutschland zu immer dramatischeren Folgen plötzlichen Wetterwandels. Nicht nur die sintflutartigen Regenfälle und Blitzschläge im Frühsommer 2016 hielten mit zahlreichen Toten die Bevölkerung mit den entsprechenden Medienberichten in Atem. So gab es in Berlin im Mai dieses Jahres einen Zwischenfall mit einem sturmgebeutelten Fesselballon, der zum Glück glimpflich ausging. Danach machten die Betreiber widersprüchliche Aussagen zu einer Wetterwarnung und das Landeskriminalamt ermittelte.

Betroffen war der Aussichtsballon beim Berliner Checkpoint Charlie. Durch starke Windböen geriet er an dem Abend im Mai in eine heftige Schräglage. Die 19 Passagiere - in der Mehrzahl Touristen - erlitten einen Schock. Der Deutsche Wetterdienst gab später zu Protokoll, er habe kurz vorher vor Böen gewarnt. Nun wurde ermittelt, ob menschliches Versagen vorlag.

Doch der Geschäftsführer des Ballon-Unternehmens wies diesen Vorwurf zurück. Der Fallwind, in den der Ballon nach dem Start geriet, sei nicht vorhersehbar gewesen. Die Flugwetterwarnung des Wetterdienstes sei erst zweieinhalb Stunden später eingegangen. Der Deutsche Wetterdienst hingegen gab an, er habe bereits am Vormittag in einer allgemeinen Ballonvorhersage vor einer mäßigen bis starken Thermik gewarnt und wenige Minuten vor dem Start des Fesselballons, eine »amtliche Warnung vor Windböen« für den Bereich Berlin/Brandenburg herausgegeben.

Laut Betreiber sei diese Warnung vom Berliner Flugwetterdienst allerdings erst weitergeleitet worden, als der Ballon bereits in der Luft war. So wurde der Fesselballon, der mit Seilen am Boden befestigt ist, in etwa 150 Metern

Höhe von der Böe erfasst. Der Ballonfahrer hatte ihn dann zwar sofort sinken lassen, doch in einer Höhe von etwa 110 Metern geriet er in eine Kaltfront, die ihn immer wieder durchbeutelte und in eine gefährliche Schräglage brachte, bis er in Richtung eines Wohnhauses abdriftete.

Etwa zwanzig Minuten lang mussten die Passagiere in dieser bedrohlichen Lage ausharren. Erst dann gelang es dem Ballonpiloten und den alarmierten Einsatzkräften den Ballon zurück zum Boden zu bringen. Er habe eine solche Situation noch nie erlebt, sagte er später. Trotzdem habe er laut Einschätzung der Feuerwehr die Kaltfront sehr schnell erkannt und richtig eingeschätzt, indem er sofort versucht habe, den Ballon zu landen. Dann habe er immer wieder Seil nachgegeben, damit der Ballon sich aufrichten konnte und ihn dann mithilfe einer Winde heruntergebracht.

Zehn der erwachsenen Fahrgäste waren vor Ort medizinisch betreut worden. Ernsthafte Verletzungen waren zum Glück nicht zu beklagen. Die Prüfung, ob die Maßnahmen der Wetterbeobachtung im Rahmen der Sorgfaltspflicht des Betreibers ausreichend waren, obliegt letzlich den Ermittlungsbehörden.

Auf jeden Fall ist hier, wie auch bei den zahlreichen wetterbedingten Unglücken, die sich in letzter Zeit häufen, eine genaue und zeitnahe Wettervorhersage, die dann auch zu entsprechenden Vorsichtsmaßnahmen führt, das »A und O«, also das Ein und Alles für die Bewahrung von Gesundheit und Leben bei Wetterkatastrophen.

Die Bibel besteht aus 66 einzelnen Büchern. Diese ergeben zusammen das Alte und das Neue Testament.

Wir müssen nun bis zum letzten Buch der Bibel im Neuen Testament, »Die Offenbarung« gehen. Hier finden wir die einzigen drei Bibelstellen, in denen von Gott und Jesus als Alpha und Omega gesprochen wird.

Nicht im ersten Buch Mose (Genesis - Altes Testament) wird hiervon gesprochen, nein, im letzten Buch »Die Offenbarung«.

In der Offenbarung, Kapitel 1, Vers 1 - 3, wird uns das Thema dieses Buches erklärt. Außerdem erfahren wir dort weiter, dass der Jünger Jesu Johannes, der auf die griechische Insel Patmos verbannt wurde, dort die Offenbarung direkt vom Herrn Jesus Christus in einer Vision erhalten hat, um sie niederzuschreiben.

»Das Thema des Buches ist die Offenbarung Jesu Christi, die Gott ihm gab, um seinen Knechten zu zeigen, was bald geschehen muss, und indem er (sie) seinem Knecht Johannes kundtat. Der das Wort Gottes und das Zeugnis Jesu Christi bezeugt hat, alles, was er sah. Glückselig, der liest und die hören die Worte der Weissagung und bewahren, was in ihr geschrieben ist. Denn die Zeit ist nahe.«

So wird das Thema des Buches »Die Offenbarung«, in Offenbarung, Kapitel 1, Vers 1 - 3, definiert. Die erste Bibelstelle finden wir in der Offenbarung, Kapitel 1, Vers 8:

»Ich bin das Alpha und das Omega, spricht der Herr, Gott, der ist und der war und der kommt, der Allmächtige.«
Im griechischen Alphabet ist Alpha der erste und Omega der letzte Buchstabe. Also der Anfang und das Ende.

Die zweite Bibelstelle finden wir in der Offenbarung, Kapitel 21, Vers 6:

»Und er (Jesus) sprach zu mir (Johannes): »Es ist geschehen. Ich bin das Alpha und das Omega, der Anfang und das Ende«.«

Dies ist die gleiche Aussage, die wir schon in der Offenbarung, Kapitel 1, Vers 8, gelesen haben.

Die dritte Bibelstelle finden wir in der Offenbarung, Kapitel 22, Vers 13:

»Ich bin das Alpha und das Omega, der Erste und der Letzte, der Anfang und das Ende.«

Der Herr steht über Zeit und Ewigkeit. Er, und kein Urknall, ist die Ursache für die Schöpfung. Es gibt einfach kein Vokabular um ihn zu beschreiben. Er führt seinen göttlichen Plan für die Welt aus, bis zum Ende. Er »ist« und er »war« und er »kommt«. Er ist vor allen Dingen und nach

allen Dingen.
   Er ist das A und O.

Spruch 6:
Sodom und Gomorrha
1. Mose, Kapitel 18 und Kapitel 19, Vers 1 – 29

Es ging ein Ruck durch die Christengemeinde, als die badische protestantische Landessynode im Jahr 2016 in Bad Herrenalb Trauungen gleichgeschlechtlicher Ehen genehmigt hat.

Die württembergische Landeskirche erklärte sogleich, dass sie sich dem Beschluss zur Trauung von homosexuellen Paaren in Baden nicht anschließen werde. Papst Franziskus hielt jedenfalls am katholischen Verständnis fest. Etwa drei Viertel der 70 Synodalen stimmten für die Trauung von gleichgeschlechtlichen Paaren. Sie sollen in jeder Hinsicht gleichgestellt werden. Allerdings könne ein Pfarrer oder eine Pfarrerin diese Form der Trauung ablehnen, wenn er/sie damit ein Problem habe.

Lesbischen und schwulen Menschen sei viel Leid zugefügt worden, war eine der Begründungen für den Beschluß. In Anlehnung der biblischen Geschichte von Sodom und Gomorrha herrschte auch in der protestantischen Kirche lange die Ansicht, dass die Liebe zwischen Frauen oder zwischen Männern eine Krankheit sei, die man kurieren könne oder zumindest ein erworbenes Laster. Diese Meinung ist wissenschaftlich nicht haltbar und wird nun von dem badischen Kirchenparlament nicht mehr aufrechterhalten. Man will dort Homosexuelle nicht länger ausgrenzen von den kirchlichen Ehesakramenten. Natürlich wird diese Ansicht von der konservativen württembergischen Landeskirche nicht geteilt. Der dort gepflegte Pietismus wendet sich strikt gegen die Homo-Trauung. In der Bibel gebe es eindeutige biblische Aussagen zur Homosexualität, die die Landessynode einfach ignoriere, heißt es von dort. Gerade bei »Sodom und Gomorrha« würden derartige Beziehungen ohne Ausnahme als sündhaft dargestellt. Papst Franziskus erklärt in seinem Schreiben »Laetitia Amoris«, dass für gleichgeschlechtliche Paare in der katholischen Kirche keine gottesdienstliche Handlung vorgesehen ist. Es können sich daher nach dem katholischem Verständnis nur Mann und Frau die Ehe versprechen. So wird es in absehbarer Zeit für diese Paare keinen katholischen Segen geben.

Der Bund der Deutschen katholischen Jugend kritisiert zunehmend, dass Schwule oder Lesben unmenschlich und ungerecht behandelt werden würden. Die Gleichstellung homosexueller Ehen auch in der katholischen Kirche dürfte somit eine Generationenfrage sein. In die biblische Geschichte der Ungerechten und Gesetzlosen von Sodom und Gomorrha wollten diese Beziehungen ohnehin nie so recht hineinpassen.

Vor dem Bericht über das Gericht von Sodom und Gomorrha - Rettung Lots, wie es in 1. Mose, Kapitel 19, Vers 1 - 29 beschrieben wird, wollen wir uns zunächst kurz dem 18 Kapitel in 1. Mose zuwenden.

Abraham saß an einem heißen Tag am Eingang seines Zeltes. Der Herr erschien ihm bei den Terebinthen von Mamre. Als er seine Augen erhob, standen drei Männer vor ihm. Der mittlere der drei Männer war niemand sonst, als Gott in menschlicher Gestalt; die beiden anderen waren Engel. Ohne es zu wissen, nahm Abraham Gott selbst und zwei Engel bei sich auf.

Er sah sie und lief ihnen vom Eingang seines Zeltes entgegen, verneigte sich vor ihnen und sagte, falls er Gunst gefunden habe in den Augen des Herrn, so solle er doch nicht an ihm, seinem Knecht, vorübergehen.

Abraham stand ihnen nun von Angesicht zu Angesicht gegenüber. Er ließ Ihnen die typische Gastfreundschaft von Wüstennomaden zuteil werden. Er befahl, dass man doch ein wenig Wasser holen solle, damit sich die Männer ihre Füße waschen konnten. Sie sollten sich doch im Schatten eines Baumes ausruhen.

Abraham wolle Ihnen ein Mahl bereiten lassen, damit sie sich stärken könnten, um dann weiterzuziehen.

Die drei Männer nahmen Abrahams Einladung an, er solle so tun, wie er geredet habe. Daraufhin eilte Abraham schnell zu seiner Frau Sara in das Zelt und gab ihr Anweisung, was sie zu Essen bereiten solle. Außerdem suchte er ein Kalb aus seiner Herde aus, zart und gut. Ein Knecht beeilte sich, es zuzubereiten.

Als das Essen fertig war, setzte er es den Männern vor und stand bei ihnen, während sie aßen, unter dem Baum. Sie erkundigten sich nach seiner Frau Sara. Abraham sagte, dass sie im Zelt sei. Nun sprach der Herr eine Prophetie über Sara aus. Sara würde übers Jahr einen Sohn gebären. Abraham und Sara waren jedoch schon so alt, dass Sara aus rein biologischen Gründen und aus menschlicher Sicht, kein Kind mehr bekommen konnte. Hierzu bedurfte es schon eines Wunders. Aber für Gott ist kein Ding unmöglich.

Sara aber lachte in ihrem Inneren. Wohlgemerkt, sie lachte nicht laut, sondern in ihrem Inneren. Sie wusste, dass sie und Abraham viel zu alt waren, um noch ein Kind zu zeugen, und auf die Welt bringen zu können.

Gott fragte Abraham, warum Sara denn gelacht habe und glaube aus Altersgründen kein Kind mehr bekommen zu können.

Aber, sollte dem Herrn nicht alles möglich sein? Zu bestimmten Zeit komme er wieder zu ihm, übers Jahr um diese Zeit, dann habe Sara einen Sohn geboren.

Sara leugnete ab, dass sie gelacht habe, denn sie fürchtete sich.

Der Herr aber sprach, dass sie doch gelacht habe. Soviel über den Besuch Gottes bei Abraham (1. Mose, Kapitel 18, Vers 1 - 15).

In 1. Mose, Kapitel 18, Vers 16 - 33, wird nun von Abrahams Bitte für die Stadt Sodom berichtet.

Die Männer standen auf und schauten auf Sodom hinab. Abraham begleitete sie dort hin. Der Herr aber sprach bei sich, ob er Abraham verbergen solle, was er tun wolle. Und so sprach er zu Abraham, dass das Klagegeschrei über

Sodom und Gomorrha wahrlich groß sei. Die Sünden sind sehr schwer.

Es ging dort, im wahrsten Sinne des Wortes, wie in »Sodom und Gomorrha« zu. Ein Ort, in dem Unmoral und Verderbtheit herrschten. Prostitution, Sodomie, Drogen und Gesetzlosigkeit waren an der Tagesordnung.

Abraham sprach zu Gott, ob er wirklich den Gerechten mit dem Ungerechten wegraffen wolle. Solle es fünfzig Gerechte innerhalb der Stadt geben, wolle Gott sie denn wegraffen und dem Ort nicht vergeben um der fünfzig Gerechten Willen, die darin sind. Fern sei es vor Gott, so etwas zu tun, den Gerechten mit dem Ungerechten zu töten, so dass der Ungerechte wäre wie der Gerechte; fern sei es vor Gott. Sollte der Richter der ganzen Erde nicht Recht üben.

Da sprach der Herr zu Abraham, wenn er in der Stadt Sodom fünfzig Gerechte finden würde, so wolle er um ihretwillen dem ganzen Ort vergeben.

Abraham ging nun einen dreisten Handel mit Gott ein. Er handelte auf 45 Gerechte, auf 40 Gerechte, 30 Gerechte, 20 Gerechte, bis 10 Gerechte runter.

Der Herr sprach jedes Mal, dass er es nicht tun wolle um der 45, 40, 30, 20, 10 Gerechten Willen.

Danach ging der Herr weg, als er mit Abraham ausgeredet hatte und Abraham kehrte zurück an seinen Ort.

Spruch 7:
Zu einer Salzsäule erstarren;
Das Gericht über Sodom und Gomorrha
- die Rettung Lots.
1. Mose, Kapitel 19, Vers. 1 - 29

Alle Hunde sind domestizierte Raubtiere. Das bedeutet, dass man vor ihnen niemals davonlaufen sollte, sofern man nicht unmittelbar zu einem Ort gelangen kann, wohin einem der Hund nicht folgen kann. Der Fluchtinstinkt kann also gefährlich werden, wenn einen so ein Tier bellend oder zähnefletschend anspringt. Wenn nämlich dadurch der Jagdinstinkt des Tieres geweckt wird, hilft es auch nicht mehr, dass der Besitzer hinterherruft: »Der tut nichts!«.

Doch es gibt noch einen anderen Angstreflex, der in diesem Fall meist hilfreicher ist: Das Erstarren zu einer Salzsäule.

So hat der 58jährige Postbote Ludwig Hirschfeld bereits einige schmerzhafte Bisswunden und Schlimmeres vermieden. Zitternd wie Espenlaub mit Angstschweiss dazustehen und den bellenden Hund anzuflehen, er möge einem kein Leid zufügen, sah er nicht als Lösung, obwohl er durchaus Angst hatte. Vielmehr hat er sich in solchen bzenzligen Situationen immer dem Hund zugewendet und Bewegungen vermieden. Also schon ein Stück weit Salzsäule. Dem Hund dabei in die Augen zu sehen, hat er dabei ebenso tunlichst vermieden. So wurde er auch nie gebissen, allenfalls die Hosenbeine fielen mitunter den Zähnen der überaktiven Haushunde zum Opfer. Ein Hund greift sich immer den Körperteil, den man ihm anbietet. Also sind Abwehrbewegungen mit Armen oder Beinen nicht ratsam.

So hat das Erstarren zu einer »Salzsäule« im Leben durchaus einen Sinn.

Gegen Abend kamen die beiden Engel in Sodom an. Lot

saß gerade unter dem Eingangstor.

Als er die Männer sah, stand er auf, ging ihnen entgegen, und verneigte sich vor ihnen. Er lud sie über Nacht zu sich nach Hause ein. Morgen früh mögen sie dann weiter ihres Weges ziehen.

Die Männer jedoch wollten das Angebot Lots nicht annehmen, sondern lieber auf einem Platz übernachten. Als Lot jedoch in sie drang, kehrten sie bei ihm ein und kamen in sein Haus. Er bereitete Ihnen ein Mahl, das sie aßen.

Sie hatten sich noch nicht zu Nacht niedergelegt, da umringten die Männer von Sodom Lots Haus, vom Knaben bis zum Greis. Sie riefen nach Lot und wollten von ihm wissen, wo denn die Männer sein, die diese Nacht zu ihm gekommen waren. Er solle sie zu ihnen herausführen, damit sie sie erkennen (mit »Erkennen« ist hier eine geschlechtliche Beziehung gemeint). Lot kam aus dem Haus, schloss die Türe hinter sich zu und bat die Männer, dass sie nichts Böses tun sollten.

Er bot seine Töchter an, die noch kein Mann »erkannt« (mit ihnen verkehrt) hatten. Diese wolle er ihnen herausbringen, damit sie tun, wie es gut in ihren Augen wäre. Sie sollten sich nur nicht an seinen Gästen vergreifen.

Es entstand ein Tumult der damit endete, dass sie die Türe von Lots Haus aufbrechen wollten. Die Männer jedoch streckten ihre Hand aus, brachten Lot zu sich in sein Haus hinein und verschlossen die Türe. Sie schlugen die Männer mit Blindheit, so dass sie sich vergeblich bemühten den Eingang zu finden.

Dann sprachen die Männer zu Lot: »Hast du hier noch jemanden? Einen Schwiegersohn und deine Söhne und deine Töchter oder einen, der sonst (noch) in der Stadt zu dir gehört? Führe (sie) hinaus aus diesem Ort. Denn wir werden diesen Ort vernichten, weil das Geschrei über sie groß geworden ist vor dem Herrn; und der Herr hat uns gesandt, die Stadt zu vernichten.«

Dann ging Lot zu seinen Schwiegersöhnen, die seine Töchter nehmen sollten, und sagte zu ihnen, sie sollen sich aufmachen, um aus diesem Ort zu verschwinden. Denn der Herr würde die Stadt vernichten. Seine Schwiegersöhne glaubten, er mache einen schlechten Witz, und hörten nicht auf Lot.

Die Morgenröte brach auf und die Engel drängten Lot zur Eile und sagten, er solle sich aufmachen, seine Frau und seine beiden Töchter mitnehmen, damit sie nicht weggerafft würden durch die Schuld der Stadt.

Lot zögerte. Die Engel aber ergriffen alle, weil der Herr sie verschonen wollte, und führte sie hinaus, außerhalb der Stadt.

Der Herr sprach zu Lot »Rette dich, es geht um dein Leben. Sieh nicht hinter dich, und bleib nicht stehen. Rette dich auf das Gebirge.«

Da sagte Lot zum Herrn: »Ach mein Herr. Deine Gnade hast du groß gemacht, mich am Leben zu erhalten. Ich kann mich nicht auf das Gebirge retten, es könnte das Unheil mich ereilen, dass ich sterbe.«

Da sah er eine Stadt in der Nähe, in die er fliehen wollte. Der Herr sprach zu ihm, dass er sich schnell dorthin retten solle, in die Stadt, die Zoar genannt wurde.

Als Lot nach Zoar kam, ging die Sonne auf. Nun ließ der Herr Schwefel und Feuer auf Sodom und Gomorrha regnen. Alle Bewohner der Städte und das Gewächs wurden dem Erdboden gleich gemacht.

Lots Frau aber sah sich hinter ihm um: da erstarrte sie »zu einer Salzsäule«.

Am Toten Meer kann man noch heute solche »Salzsäulen« finden, die durch die Natur entstanden sind, und bis heute stumm das Schicksal von Lots Frau zu verkünden scheinen.

Vollständigkeitshalber wollen wir hier noch anführen, dass der Herr Sara heimsuchte, wie er gesagt hatte. Er tat an Sara, wie er geredet hatte. Sara wurde schwanger und gebar Abraham einen Sohn in seinem Alter, zu der bestimmten Zeit, die Gott ihm genannt hatte.

Abraham gab seinem Sohn, der ihm geboren worden

war, den Sara ihm geboren hatte, den Namen Isaak. (1. Mose, Kapitel 21, Vers 1 - 3).

Spruch 8:
Wer von euch ohne Sünde ist, der werfe den ersten Stein
Johannes, Kapitel 8, Vers 2 – 11

Wenn man das Buch »Gottes Erste Diener« (Die dunklen Seiten des Papsttums) von Peter de Rosa ließt, kann einem ganz Zweierlei werden.

Das Buch fasziniert und stößt gleichzeitig ab.

In diesem Buch schildert der Autor den Anfang des Christentums und berichtet über die einzelnen Zeitepochen des Papsttums und über die Päpste bis in unsere heutige Zeit.

Er schildert, um nur ein paar Beispiele zu nennen, die Verfolgung der Juden durch die katholische Kirche, die Folterungen von gläubigen Menschen durch die katholische Kirche, die Hinrichtungen durch die katholische Kirche, und vor allem berichtet er über die einzelnen Päpste, deren Leben, Wirken und Tod. Ein Gruselroman, der an erster Stelle der Bestsellerliste liegt, kann nicht solche Grausamkeiten beschreiben, wie sie die Päpste zustande gebracht haben.

Es soll hier nur kurz speziell auf die sexuellen Begierden der Päpste eingegangen werden.

Fast alle Päpste hatten eigene Kinder gezeugt. Nicht nur ein oder zwei Kinder, sondern manchmal sogar in zweistelliger Zahl. Diese wurden dann nicht seine Kinder genannt, sondern als »Nichten und Neffen« des Papstes bezeichnet.

Die Päpste nahmen sich, teilweise mit Gewalt, Mädchen und auch verheiratete Frauen aus allen Schichten der Gesellschaft, um sie zu schwängern.

Ein Papst schoß den absoluten Vogel ab. Er schaffte es mit drei Generationen von Frauen zu schlafen. Einem Mädchen, deren Mutter und der Großmutter.

Als Papst Sixtus III (432 - 440) vor Gericht gebracht wurde, weil er eine Nonne verführt hatte, verteidigte er sich geschickt mit den Worten Christi: »Wer von euch ohne Sünde ist, der werfe den ersten Stein.«

Er befand sich in bester Gesellschaft.

In Johannes, Kapitel 8, Vers 2 - 11, wird von der Begegnung Jesu mit einer Ehebrecherin berichtet.

Jesus ging eines Tages einmal frühmorgens hinauf in die Stadt Jerusalem, wo sich der Tempel befand. Alles Volk kam zu ihm; und er setzte sich und lehrte sie. Die Schriftgelehrten und die Pharisäer jedoch wollten ihn in eine Falle locken. Sie wollten einen »Aufhänger« haben, damit er etwas tun oder sagen würde, welches für die Anklage gegen ihn verwendet werden konnte.

Sie hatten aber bestimmt nicht damit gerechnet, wie Jesus auf diese Begebenheit reagierte.

Sie brachten eine Frau, welche beim Ehebruch ertappt wurde. Sie stellten sie in die Mitte der Menschenmenge und sagten zu Jesus, dass diese Frau auf frischer Tat beim Ehebruch ergriffen wurde. Die Anklage lautete also auf Ehebruch. Mose habe ihnen aber im Gesetz geboten, Menschen, die beim Ehebruch ertappt wurden zu steinigen. Die Steinigung stellte im alten Israel eine Art »Lynchjustiz« dar.

Nun wurde die Absicht der Pharisäer und Schriftgelehrten offenbar. Sie wollten Jesus dazu bringen, dem Gesetz Mose zu widersprechen. Dies bedeutete, dass sie das Volk gegen Jesus aufhetzen könnten.

Sie wollten nun die Meinung Jesu zu diesem Fall wissen. Da sie gegen Jesus noch keine wirkliche Anklage hatten, versuchten sie eine zu provozieren.

Ihnen war klar, dass er gegen das Gesetz Mose verstoßen würde. Sollte er die Frau nicht bestrafen, würde man ihn deshalb anklagen können. Würde er jedoch der Steinigung beipflichten, welche die Frau zu Tode bringen würde, könnte dies dazu benutzt werden, um ihn als Feind der Römer zu entlarven. Außerdem würde dies beweisen, dass er nicht barmherzig war.

Jesus aber bückte sich nieder und schrieb mit dem Finger auf die Erde. Es ist nicht bekannt, was Jesus geschrieben hat.

Als sie aber fortfuhren, ihn zu fragen, richtete er sich auf und sprach zu ihnen: »Wer von euch ohne Sünde ist, der werfe den ersten Stein.«

Und wieder bückte er sich nieder und schrieb (ctwas) auf die Erde. Als diejenigen, die die Frau angeklagt hatten, dies hörten, gingen sie, einer nach dem anderen, angefangen von den Ältesten, weg. Nur Jesus blieb übrig. Er wurde mit der Frau alleine gelassen, die immer noch bei ihm stand.

Jesus richtete sich auf und wollte von der Frau wissen, wo ihre Ankläger geblieben waren. Hatte kein einziger aus der Menge sie verurteilt?

Sie aber sprach: »Niemand Herr!«

Jesus aber sprach zu ihr: »Auch ich verurteile dich nicht. Gehe hin und sündige von jetzt an nicht mehr.«

Spruch 9:
Einen schweren Gang tun
Johannes, Kapitel 19

Papst Benedikt XVI. ging einige Monate nach seiner Papstwerdung nach Polen auf Pilgerreise, ebenso, wie es sein Vorgänger bereits getan hatte. Auschwitz war die letzte Station seiner Polenreise. Karol Wojtila, der spätere Papst Paul II., war Pole, Josef Ratzinger - später Papst Benedikt XVI. - hingegen Deutscher. Er sah sich dort als Sohn des deutschen Volkes, wie er sich ausdrückte.

In strömendem Regen stand er vor den Gedenkplatten, mit Inschriften in den 22 Sprachen der Ermordeten. Er begann mit seiner Ansprache:

»An diesem Ort versagen die Worte, kann eigentlich nur erschüttertes Schweigen stehen. Schweigen, das ein notwendiges Schreien zu Gott ist: Warum hast du geschwiegen?«

Mit gesenktem Kopf stand er vor der Todesmauer. Er kam als Oberhaupt der Katholiken und wurde von den Polen akzeptiert, auch als Deutscher, der er nunmal auch ist. Er musste damit rechnen, von vielen als Deutscher, als Mitglied der Hitlerjugend, der er nunmal auch einst gewesen war, abgelehnt zu werden. Vorher hatte Papst Benedikt einige Sätze auf polnisch eingeübt und zitierte in jeder Ansprache seinen geliebten Vorgänger. Das kam an.

Er sprach auch darüber, dass die Deutschen ein Volk seien, »über das eine Schar von Verbrechern mit lügnerischen Versprechungen, mit der Verheißung der Größe, des Wiedererstehens der Ehre der Nation und ihrer Bedeutung, mit der Verheißung des Wohlergehens und auch mit Terror und Einschüchterung Macht gewonnen hatte, so dass unser Volk zum Instrument ihrer Wut des Zerstörens und des Herrschens gebraucht und missbraucht werden konnte«.

In seiner Rede sprach er von »diesem Ort des Grauens, einer Anhäufung von Verbrechen gegen Gott und den Menschen ohne Parallele in der Geschichte« und endete mit den versöhnlichen Worten: »Herr, du bist der Gott des Friedens, du bist der Friede selbst. Gib, dass alle, die in Eintracht leben, im Frieden verharren und alle, die entzweit sind, sich wieder versöhnen.«

Für den deutschen Papst war es ein schwerer Gang nach Auschwitz, dem »Golgatha der heutigen Menschheit«, doch er war notwendig, um das Kreuz mit der kollektiven Schuld, von der er nicht ausdrücklich sprach, vom Rücken unserer heutigen Gesellschaft ein Stück weit zu lösen, nicht nur für die Katholiken, nicht nur für die Deutschen, sondern für die gesamte Menschheit.

Nach seiner Verurteilung durch Pontius Pilatus wurde Jesus von den Soldaten ausgezogen.

Sie legten ihm einen Mantel um, setzten ihm eine Dornenkrone auf den Kopf und gaben ihm einen Stock in die rechte Hand (Anspielung auf seinen Anspruch ein König zu sein und auf sein Königreich).

Das reichte ihnen jedoch noch nicht. Sie spuckten ihn an und verspotteten ihn als »König der Juden« . Sie führten ihn zu seiner Kreuzigung außerhalb Jerusalems auf den Hügel Golgatha (Schädelstätte).

Die Kreuzigung wurde vermutlich von den Persern eingeführt und wurde später von den Griechen und Römern (etwa 200 v. Chr.) übernommen. Die Opfer wurden an einen Pfahl genagelt oder daran aufgehängt, die Opfer wurden häufig mit hochgereckten Armen festgebunden und angenagelt. Wurde ein Opfer in stehender Haltung gekreuzigt, wurde der Querbalken auf hölzernen Gabeln oder mit Seilen hochgehoben und in eine Ausbuchtung eingefügt, entweder am oberen Ende des Pfahls, in T-Form, oder weiter unten, in Kreuzform. Das Opfer hing oftmals nicht höher als 30 cm über dem Boden.

Im Johannesevangelium lesen wir, dass die Soldaten den beiden Verbrechern, die mit Jesus gekreuzigt wurden, die Beine gebrochen hatten. Bei Jesus taten sie es nicht mehr, weil dieser schon gestorben war. Dies geschah, um die Atmung noch stärker zu behindern und damit den Tod zu beschleunigen.

Ein kleines Querholz wurde an dem senkrechten Balken befestigt, auf dem der Gekreuzigte eine Hockstellung einnehmen konnte. Dadurch wurde ihm das Atmen zwar etwas erleichtert, die Qualen jedoch verlängert.

In Johannesevangelium ist zu lesen, das Jesus selbst sein Kreuz nach Golgatha trug. Nachdem sie Jesus gekreuzigt hatten, teilten sie seine Kleidung durch Auslosung untereinander und erfüllten dadurch eine Prophezeiung aus dem alten Testament (Psalm 22, Vers 19).

Pilatus schrieb aber auch eine Aufschrift und setzte sie auf das Kreuz. Es war aber geschrieben: »Jesus, der Nazarener, der König der Juden.«

Diese Aufschrift nun lasen viele von den Juden, denn die Stätte, wo Jesus gekreuzigt wurde, war nahe bei der Stadt und es war geschrieben auf hebräisch, lateinisch und griechisch. Die Hohepriester der Juden sagten nun zu Pilatus: »Schreibe nicht: Der König der Juden, sondern dass jener gesagt hat: »Ich bin König der Juden.« Pilatus antwortete: »Was ich geschrieben habe, habe ich geschrieben« (Johannes, Kapitel 19, Vers 19 - 22).

Ebenso wurden zwei Verbrecher links und rechts von Jesus gekreuzigt.

Jesus wurde von den Leuten verspottet und verhöhnt. Einer der Verbrecher verspottete Jesus auch, wurde aber durch den anderen zurechtgewiesen.

Durch Jerusalem führt die Via Dolorosa, die Straße des Schmerzes. Sie beschreibt den Weg Jesu zum Kreuz über 14 Stationen. Diese werden auch als »Kreuzesstationen« bezeichnet:

1. Jesus wird zum Tode verurteilt.
2. Jesus trägt das Kreuz.
3. Jesus stürzt zum Ersten Mal.
4. Jesus begegnet seiner Mutter.
5. Simon von Zyrene hilft Jesus, das Kreuz zu tragen.
6. Veronica trocknet Jesu Gesicht.

7. Jesus stürzt zum Zweiten Mal.
8. Jesus tröstet Jerusalems Töchter.
9. Jesus stürzt zum Drittel Mal.
10. Jesus wird ausgezogen
11. Jesus wird ans Kreuz genagelt
12. Jesus stirbt.
13. Jesu Leichnam wird vom Kreuz abgenommen.
14. Jesus wird ins Grab gelegt.

Nach dieses Stationen zu urteilen, hatte Jesus wirklich einen schweren Gang tun müssen.

Spruch 10:
Zum Hals raus hängen
4. Mose, Kapitel 11, Vers 19 und 20

Anne Frank führte ein Tagebuch während der zwei Jahre, in denen sie mit den Eltern, der Schwester Margot und vier weiteren Juden in einem wenige Quadratmeter großen Verschlag versteckt gehalten wurde. Ihre letzte Eintragung stammt vom 1. August 1944. Drei Tage später wurden die Untergetauchten entdeckt, festgenommen und nach Auschwitz deportiert.

Während im Lager im Vorderhaus Arbeiter Flaschen verpackten, putzten die versteckten jüdischen Menschen im Hinterhaus in einer dunklen Kammer Gemüse, sprachen kaum und wenn dann nun im Flüsterton. Es war ein Vegetieren unter schwierigsten Bedingungen. Tapfer hielt das Mädchen diese schwere Zeit durch und schrieb jeden Tag in ihr Tagebuch.

Am 7. November 1942, nach wenigen Monaten im Verließ, schrieb sie, sie fühle sich »zusammengepfercht mit all den Menschen, die mir zum Hals raushängen«. Wem Menschen unter solchen Bedingungen nicht irgendwann buchstäblich zum Hals heraus hängen, ist wohl selbst kein Mensch. So sollte man sich immer bewußt sein, dass dieser oftmals so leicht hingesagte Spruch ein Statement der Ausweglosigkeit ist und ihn nicht einfach so »heraushängen« lassen.

Das vierte Buch Mose (Numeri) befasst sich mit der Zählung der kampffähigen Männer (Kapitel 1), der Lagerordnung (Kapitel 2), der Zählung der Leviten (Kapitel 3), dem Dienst der Leviten beim Aufbruch des Lagers (Kapitel 4), dem Verfahren bei Unreinheit, Veruntreuung und bei Verdacht auf Ehebruch (Kapitel 5), dem Gesetz des Abgesonderten (Kapitel 6), der Gaben der Stammesfürsten für das Heiligtum (Kapitel 7), dem Gesetz über den Leuchter im

Heiligtum und über die Weihe der Leviten (Kapitel 8), dem Passah und Nachpassah (Kapitel 9), bis zu den Silbernen Trompeten (Kapitel 10).

Ab 4. Mose, Kapitel 10, Vers 11 wird über den Aufbruch vom Sinai berichtet:

Das Volk Israel brach aus der Wüste Sinai auf und ließ sich in der Wüste Paran nieder.

Sie fingen an zu murren und sagten: »Wer wird uns Fleisch zu essen geben? Wir denken an die Fische, die wir in Ägypten umsonst aßen, an die Gurken und an die Melonen und an den Lauch und an die Zwiebeln und an den Knoblauch; und nun ist unsere Kehle vertrocknet; gar nichts ist da, nur auf das Manna (sehen) unsere Augen.«

Das Manna aber war wie Koriandersamen und sein Aussehen, wie das Aussehen des Bdelliumharzes. Das Volk lief umher, und sie sammelten (es) und mahlten es mit Handmühlen oder zerstießen es in Mörsern; und sie kochten es in Töpfen, auch machten sie Brotfladen daraus; und sein Geschmack war wie der Geschmack von Ölkuchen. Und wenn nachts der Tau auf das Lager herabfiel, dann fiel (auch) das Manna darauf herab.

Und als Mose das Volk, alle seine Sippen, jeden am Eingang seines Zeltes, weinen hörte und der Zorn des Herrn heftig entbrannte, da war es böse in den Augen des Mose. Und Mose sagte zu dem Herr: »Warum hast du an deinem Knecht (so) schlecht gehandelt, und warum habe ich nicht in deinen Augen Gunst gefunden, dass du die Last dieses ganzen Volkes auf mich legst? Bin ich etwa mit diesem ganzen Volk schwanger gewesen, oder habe ich es geboren, dass du zu mir sagst: »Trage es an deiner Brust, wie der Wärter den Säugling trägt, in das Land, das du ihren Vätern zu geschworen hast? Woher soll ich Fleisch haben, um es diesem ganzen Volk zu geben? Denn sie weinen vor mir und sagen: »Gib uns Fleisch, damit wir essen.« Ich allein kann dieses ganze Volk nicht tragen, denn es ist mir zu schwer. Und wenn du so mit mir tust, dann bringe mich doch um, wenn ich in deinen Augen Gunst gefunden habe, damit ich mein Unglück nicht (mehr) ansehen (muss).«

Und der Herr sprach zu Mose: »Versammle mir siebzig Männer aus den Ältesten Israels, von denen du erkannt hast, dass sie Älteste des Volkes und seine Aufseher sind, und führe sie zu dem Zelt der Begegnung, dass sie sich dort mit dir (zusammen) aufstellen. Und ich werde herabkommen und dort mit dir reden und ich werde von dem Geist nehmen, der auf dir ist, und auf sie legen, damit sie mit dir an der Last des Volkes tragen und du sie nicht (mehr) allein tragen musst und zu dem Volk sollst du sagen: »Heiligt euch für morgen.« Dann werdet ihr Fleisch essen; denn ihr habt vor den Ohren des Herrn geweint und gesagt: »Wer wird uns Fleisch zu essen geben? Denn in Ägypten ging es uns gut.«

Der Herr wird euch Fleisch geben, und ihr werdet essen. Nicht (nur) einen Tag sollt ihr essen, und nicht (nur) zwei Tage und nicht (nur) fünf Tage und nicht (nur) zehn Tage und nicht (nur) zwanzig Tage, sondern einen ganzen Monat, bis es euch zur Nase herauskommt und es euch zum Ekel wird, weil ihr den Herrn, der in eurer Mitte ist, verworfen und vor ihm geweint und gesagt habt: »Warum nur sind wir aus Ägypten ausgezogen?«. (4. Mose, Kapitel 11, Vers 1 bis 20)
Es hing ihnen also im wahrsten Sinnes des Wortes zum Hals heraus.

Spruch 11:
Ein strahlendes Gesicht haben
2. Mose, Kapitel 34

Wolfgang Ebert war Beamter. Durchaus erfolgreich wirkte er im Dienst der Bürger. Er lebt in der Nähe von Köln. Der 55jährige war 33 Jahre in seinem Beruf. Doch er hatte sich immer öfters gefragt, ob das alles sei im Leben. Er fühlte sich nicht erfüllt, war nur ein Rad im Getriebe seiner Gemeinde. In der Kirche hatte er sich immer wieder in verschiedenen Bereichen engagiert, zuletzt als Kommunionhelfer.

Eines Tags verstarb seine Schwägerin. Da sie keiner Konfession angehörte, konnte sie kein kirchliches Begräbnis erhalten. Er fand das würdelos und hielt eine Ansprache zu dem traurigen Anlass. Dabei fühlte er sich berufen, sein Leben nur noch solchen Aufgaben zu weihen. Schon als Jugendlicher hatte er seine erste Predigt gehalten und im Zeugnis stand eine Eins in Religion. Er liess sich aus dem Beamtenverhältnis entlassen. Mit Freude widmete er sich den Exerzitien, bis er im Kölner Dom zum Diakon geweiht wurde.

Mit über 50 Jahren ist er unter den Diakonen ein Exot. Seine Frau hat ihn stets in seiner Entscheidung bestärkt. Sein strahlendes Gesicht zeige ihr, dass es die richtige Entscheidung war, sagte sie ihrem glücklichen Mann stolz.

In 2. Mose, Kapitel 34 lesen wir folgendes:

Gott sprach zu Mose, er solle sich zwei Steintafeln, wie die ersten (Kapitel 20), zurecht hauen. Gott wolle auf diese Tafeln die Worte schreiben, die auf den ersten Tafeln standen, die Mose zerschmettert hatte. Mose (alleine) solle sich bereithalten und am Morgen auf den Berg Sinai steigen, um vor Gott zu stehen. Niemand, nicht einmal ein Tier, dürfe ihn begleiten.

Mose richtete sich also zwei neue steinerne Tafeln zurecht, stand früh am Morgen auf und stieg auf den Berg Sinai. Genauso, wie ihm Gott befohlen hatte.

Als Gott dort Mose in einer Wolke begegnete, warf Mose sich auf die Erde und bat Gott um Vergebung der Sünden und Schuld des Volkes Israel.

Gott sprach, dass er einen Bund mit ihm schließen wolle und nannte eine Reihe von Vorschriften, die das Volk Israel künftig beachten soll.

Und der Herr sprach zu Mose: »Schreib dir diese Worte auf. Denn nach diesen Worten schließe ich mit dir und mit Israel einen Bund.«

Und Mose blieb vierzig Tage und vierzig Nächte dort beim Herrn. Brot aß er nicht, und Wasser trank er nicht. Und er schrieb auf die Tafel die Worte des Bundes, die zehn Gebote.

Es geschah aber, als Mose vom Berg Sinai herabstieg - und die beiden Tafeln des Zeugnisses waren in Moses Hand, als er vom Berg herabstieg -, da wusste Mose nicht, dass die Haut seines Gesichtes strahlend geworden war, als er mit ihm (Gott) geredet hatte. Und Aaron und alle Söhne Israels sahen Mose an, und siehe, die Haut seines Gesichtes strahlte; und sie fürchteten sich, zu ihm heranzutreten. Mose jedoch rief Ihnen zu, und Aaron und alle Fürsten in der Gemeinde wandten sich ihm zu, und Mose redete zu Ihnen. Danach aber traten alle Söhne Israel heran, und er bot ihnen alles, was der Herr auf dem Berg Sinai zu ihm geredet hatte. Als nun Mose aufgehört hatte, mit Ihnen zu reden, legte er eine Decke auf sein Gesicht. Sooft aber Mose vor den Herrn hineinging, um mit ihm zu reden, legte er die Decke ab, bis er hinausging. Dann ging er hinaus, um zu den Söhnen Israel zu reden, was ihm aufgetragen war. Da sahen die Söhne Israel Moses Gesicht, dass die Haut von Moses Gesicht strahlte. Dann legte Moses die Decke wieder auf sein Gesicht, bis er hineinging, um mit ihm zu reden. Er hatte also im wahrsten Sinne des Wortes ein strahlendes Gesicht.

Spruch 12:
Der barmherzige Samariter
Lukas, Kapitel 10, Vers 25 - 37

Es ist ein schöner sonniger Wochentag morgens. Ein Jogger läuft durch den Stadtpark. Er hat einen schon etwas abgetragenen Jogginganzug an, seinen Lieblingsjogginganzug. Sein Haar ist noch etwas zerzaust, da er sich noch nicht gekämmt hat. Er trägt einen Drei-Tage-Bart, schließlich hat er ja Urlaub. Als Top-Manager einer großen bekannten Firma kann er sich während seines Arbeitsalltags ein solches Outfit natürlich nicht erlauben, um so mehr genießt er es in seinem Urlaub.

Der Jogger denkt bei sich, dass heute wieder ein schöner Tag sei, die Sonne scheint und er kann endlich mal ausgiebig joggen. Er läuft ein paar Minuten. Plötzlich wird er immer langsamer und bleibt schließlich stehen. Ihm ist plötzlich, aus unerklärlichen Gründen, so schlecht geworden. Ihm ist, als hätte er einen schweren Stein, der fest auf seine Brust drücke. Er greift sich ans Herz und wischt sich den Schweiß vom Gesicht. Er bekommt keine Luft mehr und ihm wird schwindlig, als er sich, gerade noch an einer überfüllten Mülltonne festhalten kann, die dort zufällig steht.

Er gleitet ab und fällt bewusstlos zu Boden. Neben der Mülltonne liegen eine leere Flasche Bier, eine leere Schnapsflasche und eine leere Weinflasche.

Ein Pärchen kommt, spazieren gehend, vorbei und sieht den bewusstlosen Jogger dort am Boden liegen. Der Mann sagt angewidert zu seiner Frau, dass dies eine Schweinerei sei. Diese besoffenen Hunde lägen schon wieder hier rum und schliefen ihren Rausch aus. Man könne nicht mal mehr in Ruhe spazieren gehen, ohne über dieses asoziale Pack zu stolpern. Das seien die, die unsere Frauen im Dunkeln überfallen und ihnen unser schwer verdientes Geld klauten und sie dann auch noch vergewaltigen. Ansonsten stehlen sie in Kaufhäusern und missbrauchen unsere Kinder. Die sollen lieber mal wieder etwas arbeiten. An Arbeit fehle es nun wirklich nicht. Man brauche ja nur die Stellenangebote in den Zeitungen lesen. Wenn man nur wolle, ginge alles. Die liegen uns braven Steuerzahlern nur auf der Tasche.

Der Spaziergänger stößt den am Boden liegenden Jogger mit der Fußspitze an und will ihm klar machen, dass er bloß schauen solle, das er hier wegkomme.

Der Jogger jedoch rührt sich nicht.

Der Mann greift nun einen am Boden liegenden Ast auf und stößt, nun etwas kräftiger, nochmals auf den Jogger ein. Er fragt den Jogger, ob er ihn denn nicht höre. Er rufe die Polizei, wenn er nicht auf der Stelle verschwinden würde.

Der Mann wendet sich resignierend an seine Frau und meint nur, dass das ja doch nicht helfen würde. Sie setzen ihren Spaziergang fort. Die Frau stimmt ihrem Ehemann Egon etwas dümmlich und monoton zu. Er habe, wie immer, Recht.

Auch einige andere Passanten gehen an dem bewusstlosen Jogger vorbei oder sogar auf die andere Seite des Weges, um bloß nicht in diese Sache mit hineingezogen zu werden.

Das Pärchen ist ebenfalls weitergegangen und kommt nach einer kurzen Zeit wieder auf dem selben Weg zurück. Sie bleiben erneut vor dem Jogger stehen, der immer noch unverändert an der selben Stelle liegt.

Der Mann wendet sich erneut entrüstet an seine Frau. Sie solle sich das nur mal anschauen. Der liege ja immer noch da. Solle er etwa wirklich die Polizei rufen, damit sie diesen Penner hier durch einen Platzverweis entfernen würde? Der verunstaltet ja den schönen Stadtpark. Was sollen nur die Menschen von dieser schönen Stadt denken? Das sei ja widerlich. Aber wenn er die Polizei rufen würde, schrieben die dann noch ein Protokoll und was wisse er noch alles.

Wahrscheinlich müsse er dann auch noch mit auf die Wache und eine Zeugenaussage machen und überhaupt, wer wisse schon, was noch alles auf ihn zukommen würde. Er würde sich nur unnötige Arbeit damit aufhalsen. Sollen sich doch die Anderen darum kümmern.

Seine Frau stimmt ihrem Ehemann wie immer dümmlich und monoton zu. Er habe ganz Recht.

Als sich das Ehepaar wieder von dem Ort des Geschehens entfernt hatte, sah ein Mann den Jogger dort liegen. Er ging zu ihm hin, drehte ihn auf den Rücken und machte ihm die Jacke seines Jogginganzuges auf.

Der Jogger hatte eine »SOS-Kapsel« um seinen Hals an einer Kette hängen.

Der Mann kapierte sofort, was er machen musste. Er schraubte die Kapsel auf, entnahm ihr eine Nitrokapsel und schob sie dem Jogger zwischen die Zähne in den Mund, so dass sich die Kapsel sofort auflöste und sich das kostbare Elixier im Körper verbreitete. Danach rief er über sein Handy einen Notarzt und die Polizei.

Am nächsten Tag sitzt das Pärchen, dass am Tag zuvor im Park spazieren war, am Frühstückstisch. Der Mann liest die Schlagzeilen einer Zeitung murmelnd vor sich hin:

»Ein Wunder. Rudi H. kann nach seiner vor drei Wochen erlittenen schweren Verletzung an diesem Samstag wieder spielen. Aha - schön.

Die Lebenshaltungskosten sind, laut Mitteilung des Bundesamtes für Statistik, dieses Jahr bereits um 3 % gestiegen. Immer das Gleiche, die Kosten gehen nie runter, immer nur rauf.

Der Bundestag hat gestern über die Diätenerhöhung der Abgeordneten abgestimmt. Alle Abgeordneten sprechen sich für eine Erhöhung aus.

Das ist ja wieder typisch!«

Der Mann blättert im Regionalteil der Zeitung und findet einen Bericht über einen Jogger, der gestern bewusstlos im Stadtpark aufgefunden wurde.

Er wendet sich an seine Frau und liest den Bericht laut

vor: »Top-Manager bewusstlos im Stadtpark aufgefunden.«

Gestern Vormittag fand ein Passant den Top-Manager Peter H. im Stadtpark bewusstlos auf. Er erlitt einen Herzinfarkt beim Joggen. Die meisten Passanten gingen achtlos an dem am Boden liegenden Mann vorbei. Nur durch das beherzte Eingreifen eines Mannes, konnte der Jogger gerade noch gerettet werden.

Er fand eine sogenannte »SOS-Kapsel« an einer Kette um den Hals des Mannes, in der sich eine Nitrokapsel befand, die ihm sein Retter sofort in den Mund schob. Herr H. ist schwer herzkrank. Dann alarmierte er den Notarzt und die Polizei. Nur durch dieses schnelle beherzte Eingreifen kam Herr H. noch einmal mit dem Leben davon. Dies ist jedoch nur dem Mann zu verdanken, der sich wie »der barmherzige Samariter« verhielt.

Herr H. hätte sonst eine Frau und drei Kinder im Alter von 11, 8 und 5 Jahren hinterlassen. Er wäre nur 38 Jahre alt geworden.«

Der Mann legt die Zeitung bei Seite und wendet sich entrüstet an seine Frau, dass dies wieder mal typisch für unsere Zeit sei. Kein Mensch wolle heute mehr dem Anderen helfen. Jeder denke nur an sich. Das seien doch alles Egoisten. Der Mann hat den Vorfall von gestern bereits schon wieder vergessen und das er selber einer der »Anderen« war, die nicht geholfen hatten.

Seine Frau pflichtet, wie immer, ihrem Egon dümmlich und monoton bei.

»Da hast du ganz recht!«

Ein Gesetzesgelehrter stand einmal auf und versuchte Jesus mit einer Frage. Er fragte ihn, was er tun müsse, um ewiges Leben zu haben.

Jesus jedoch antwortete mit einer Gegenfrage, in dem er ihn fragte, was in dem Gesetz geschrieben steht, und was er lese.

Das Gesetz verlangte, dass der Mensch Gott über alles lieben solle und seinen Nächsten wie sich selbst.

Jesus sagte ihm, dass er leben werde, wenn er dies täte. Gott hatte jedoch nicht vor, irgendjemanden durch das Halten des Gesetzes zu erretten, sondern durch die Erlösung durch den Kreuzestod seines Sohnes Jesus Christus am Kreuz von Golgatha.

Daraufhin fragte er Jesus, wer denn sein Nächster sei.

Jesus begann in einem Gleichnis zu sprechen:

»Ein Mensch ging von Jerusalem nach Jericho und wurde auf diesem Weg von Räubern überfallen. Die zogen ihn aus und versetzten ihm Schläge, gingen weg und ließen ihn dort halbtot liegen.«

Das Opfer des Überfalls lag also »halbtot« an der Straße nach Jericho.

Die beiden Juden, ein »Priester« und ein »Levit« weigerten sich zu helfen und gingen einfach an dem »halb toten« Juden vorbei!

Aus welchen Gründen auch immer. Vielleicht fürchteten sie, das gleiche Schicksal wie dieser Mann zu erleiden, also ausgeraubt und geschlagen zu werden, wenn sie anhielten um ihm zu helfen!

Aber vielleicht war ihnen das Schicksal dieses Mannes einfach egal, wie wir es auch in unser heutigen Zeit beobachten können.

Es war einer der verhaßten »Samariter«, (diese galten den Juden als fehlgeleitete Abtrünnige, welche geringgeschätzt wurden), der ihm Erste Hilfe leistete, weil er innerlich bewegt wurde, als er den Mann dort liegen sah.

Er verband seine Wunden und goß Öl auf sein Haupt. Er brachte ihn in eine Herberge und sorgte für ihn. Für den Samariter war ein in Not geratener Jude sein Nächster, egal welchem Stande er angehörte.

Jesus aber fragte, was er meine welcher von diesen dreien sich dem Mann als Nächster erwies.

Er antwortete ihm, das es natürlich derjenige war, welcher die Barmherzigkeit an diesem Mann übte.

Ja, natürlich!

Jesus sprach zu dem Gesetzesgelehrten, dass er hingehen und ebenso handeln solle wie der »barmherzige Samariter«!

Kapitel 2
Christliche Gedichte

Gedicht 1:
Judas

Du hast mit ihm zu Tisch gesessen
und hast das Brot, sein`Leib gegessen.
Du trankst mit ihm, den Wein, sein Blut,
doch fühltest dich dabei nicht gut.
Denn er sprach dort, an diesem Tisch,
dass einer ein Verräter ist.
Du hast gewusst er meinte dich
und sah dir dabei ins Gesicht.
Was war das bloß für ein Gefühl,
als er zu dir sagte:
»Geh hin und tue, was du tun musst.«
Und du hast ganz genau gewusst,
du wirst ihn verraten,
für 30 Silberlinge, mit einem Kuss.
Es kam so, wie es kommen muss.
Sie nahmen ihn gefangen,
im Garten Gethsemane war der Verrat,
der war schon lange von dir geplant.
Doch als du sahst, was du getan,
dass sie ihn unschuldig verurteilt haben.
Da reute es dich, und du brachtest zurück,
die 30 Silberlinge, Stück für Stück,
zu den Hohepriestern,
denn du hattest schuldloses Blut überliefert.
Du gingst davon, erhängtest dich,
denn deine Schuld war widerlich.

Armer Judas.

Gedicht 2:
Vom Dunkel ins Licht

Vom Dunkel ins Licht
durch das Tor Deines Reichs,
ziehen wir mit Liebe
und Hoffnung im Herzen.

Vom Dunkel ins Licht
durch das Tor Deines Reichs
ziehen wir mit Lobpreis
und Anbetung im Herzen.

Dunkelheit hat keine Macht,
denn der Herr hat den Sieg gebracht.
Jeder Schritt ist ein Gebet,
wenn der Wind des Geistes weh.

Vom Dunkel ins Licht
durch das Tor Deines Reichs
ziehen wir mit Liebe
und Hoffnung im Herzen.

Vom Dunkel ins Licht
durch das Tor Deines Reichs,
ziehen wir mit Lobpreis
und Anbetung im Herzen.

Gedicht 3:
Der Herr kommt bald

Den Seinen gibt´s der Herr im Schlaf,
so dachte sich´s der Bauer Schaf
und schlief im Gottesdienst stets ein,
doch war er damit nicht allein.

Dem Schustermeister Herrn von Schuh,
fallen die Augen auch schon zu
und manchmal wird sein Schnarchen laut,
dann räuspert er sich halt.

Die Witwe Maier kämpft ganz tapfer,
doch wird sie davon nur noch schlapper.
Sie kämpft gegen die Müdigkeit,
der Kampf jedoch sinnlos erscheint.

Die Drei stehen für viele Menschen,
die Sonntags mit dem Schlafe kämpfen.
Doch eines ist bestimmt gewiss,
dass dieser Schlaf nichts gutes ist.

D´rum wache immer,
sei stets bereit,
der Herr kommt bald,
vielleicht noch heut´.

Gedicht 4:
Herr

Herr, leg´ Deine kühle Hand
auf meine heiße Stirn,
damit ich immer spüren kann,
dass ich gesegnet bin.

Herr, gib mir ein weiches Herz,
das gnädig und barmherzig ist.
Dass ich in Trauer und in Schmerz
es merke, dass Du bei mir bist.

Herr, schenk mir Verständnis für die Menschen,
die ich nicht kann versteh´n,
dass sie an Deiner großen Güte
einfach vorüber geh´n.

Herr, geh´ diesen Menschen nach,
damit sie Dich erkennen
und mit ihrem eig´nen Mund
als Herr Dich anerkennen.

Gedicht 5:
Hüter meiner Seele

Hüter meiner Seele,
Gott auf den ich seh´,
Du machst meine Sünden,
weißer noch als Schnee.

Ich fühl´ mich ganz frei,
frei vor Gottes Thron,
denn Du hast schon lange,
bezahlt für mich den Lohn.

In Dir ist mein Leben,
wohne Du in meinem Herz,
dann kann ich immer hoffen,
in Leid und auch im Schmerz.

Hüter meiner Seele,
Fels auf dem ich steh´,
hilf mir, dass ich ständig
immer weiter geh.

Auf das Ziel, das eine,
dass im Licht sich birgt,
auf dem schmalen Wege,
der zur Pforte führt.

Lass´ mich Deinen Segen,
spüren jeden Tag
und forme mich behutsam,
so wie Du es magst.

Gedicht 6:
Wenn Du mir beweisen kannst . . .

Wenn Du mir beweisen kannst,
dass es Gott nicht gibt,
dann bist Du der ärmste Mensch,
der auf Erden lebt.

Wenn Du mir beweisen kannst,
dass alles Zufall ist,
was auf dieser Welt entstanden,
dann bist Du der List,
die der Teufel Dir einredet,
auf den Leim gegangen
und Du bist auf Ewigkeit
von ihm eingefangen.

Wenn Du mir beweisen kannst,
dass Jesus Gottes Sohn nicht ist,
dann kann man nur für Dich hoffen,
dass Du ihm begegnen wirst.

Gedicht 7:
Das Kreuz

Da hängt es nun,
im Eck, das Kreuz.
Aus Gold, aus Silber
oder Holz.
Egal aus was es ist gemacht,
es hat uns allen Gnad´ gebracht.

Gedicht 8:
Herr, wir warten ...

Herr, wir warten auf Dein Kommen.
Herr, wir warten auf den Tag,
an dem Du zu uns zurück kommst,
mächtig, herrlich, schön und stark.

Herr, wir glauben ohne Sehen,
dass Du zur Rechten Gottes sitzt,
auferstanden aus dem Grabe,
uns vor finst´ren Mächten schützt.

Herr der Herren, Friedefürst,
Du in makellosem Glanz,
wenn wir Dich einst wieder sehen,
Herr, das wird ein Freudentanz.

Herr, wir warten auf Dein Kommen.
Herr, wir warten auf den Tag,
an dem Du zu uns zurück kommst,
mächtig, herrlich, schön und stark.

Gedicht 9:
Vater, Sohn und Geist

Ob groß, ob klein,
ob arm, ob reich,
vor Dir sind alle Menschen gleich.

Du liebst jeden, wie er ist,
weil Du einfach gnädig bist.

Deine Liebe ist wie Regen,
der auf Wüstenboden fällt,
sie kann keiner sich erkaufen,
nicht mit allem Gold der Welt.

Du bist Vater, Sohn und Geist,
hast uns durch Dein Blut befreit.

Gedicht 10:
Königreich Gottes

Du bist Gott und Majestät,
in Deinem Licht und Glanze steht
die Güte und Barmherzigkeit,
in der man gern bei Dir verweilt.

Du sitzt dort auf Deinem Thron,
bist Vater, Heil´ger Geist und Sohn:
Du wohnst in Deinem Königreich,
einmalig, Dir ist keiner gleich.

Du hast immer Zeit für mich,
deshalb schätz´ und lieb´ ich Dich.
In Deiner Nähe bin ich gern,
bist immer nah und niemals fern.

Gedicht 11:
Alles in Deiner Hand

Du lässt Dich gerne finden,
von denen die Dich suchen,
bist immer für die da,
die Dich in Not anrufen.

Du großer Gott und Vater,
hältst alles in der Hand,
das Schicksal jedes Menschen
ist Dir allein bekannt.

D´rum lass uns Dich anbeten,
in Wahrheit und in Geist,
damit durch Deine Güte,
ein jeder von Dir weiß.

Gedicht 12:
Ein neuer Tag

Ein neuer Tag steht vor der Tür,
oh Herr, wir danken Dir dafür.
Sei Du auch heut´ uns wieder nah
und lass uns spüren, Du bist da.
Behüte uns auf allen Wegen
und schenk uns Deinen guten Segen,
bis irgendwann die Nacht anbricht,
wir wissen, Du verlässt uns nicht.

Kapitel 3
Christliche Gebete
für verschiedene Anlässe

Gebet 1:
Glaube - Allgemein

Ich glaube an Jesus Christus
und ich glaube,
dass er Gottes Sohn ist.
Ich glaube, dass er für alle meine Sünden bezahlt hat,
gestorben und wieder auferstanden ist.
Ich glaube an seine Gegenwart,
hier in unserer Mitte.
Er ist hier, mit seiner heilenden Kraft
und der Gnade seiner Vergebung unserer Sünden.

Amen

Gebet 2:
Dankgebet

So unangenehm die Umstände auch immer sein mögen.
Was kann uns schon von Gott trennen und von seiner Liebe, seiner Güte, seiner Vergebung und seiner Gnade?
Nur unsere Sünden und unsere Undankbarkeit.
Wir wissen Herr, dass wir für unsere Sünden
den Tod verdient hätten.
Du aber liebst uns so sehr,
dass Du uns das ewige Leben anbietest.
Du hast Deinen Sohn in diese Welt gesandt,
um uns durch seinen Tod am Kreuz und durch sein Blut
Vergebung der Sünden zukommen zu lassen,
damit die Kluft zwischen uns Menschen und Dir
durch Deinen Sohn Jesus Christus überbrückt wurde.
Haben wir einmal Gottes Nähe gespürt,
können wir uns allzeit
an seiner unendlich großen Liebe
und Barmherzigkeit erfreuen.
Herr Jesus, Du hast so sehr gelitten,
als sie Dich aus Kreuz schlugen.
Wir danken dir dafür.

Amen

Gebet 3:
Dankgebet – Allgemein

Danke, Vater im Himmel,
dass Du ein liebender
und kein strafender Gott bist.
Danke, Herr Jesus Christus,
dass Du Gottes Sohn
und nicht irgendein Guru bist.
Danke, Heiliger Geist,
dass Du schon in denen lebst,
die die Taufe empfangen haben.
Danke, dass das alles nur einer Entscheidung bedarf.

Amen

Gebet 4:
Allgemein

Herr, ich warte in der Stille auf Dein Wort.
Öffne mir Herz und Sinn,
dass ich wahrnehme, was Du mir sagen willst.
Ich möchte Dir folgen und das Richtige tun.
Deine Macht ist im Himmel und auf Erden,
auf Dich allein richtet sich mein Glaube.
Ich lief verirrt und verblendet durch diese Welt,
bis ich Dich finden durfte.
Jetzt kann meine Seele ruhen
und jeden Tag bei Dir verweilen.

Amen

Gebet 5:
Dankgebet für das ewige Leben

Herr Jesus Christus,
wir danken Dir für das ewige Leben,
das Du uns gibst.
Das Leben in Deinem künftigen Königreich,
in Deiner neuen Welt.
Wir danken Dir, dass es unzerstörbar
und von ganz anderer Qualität ist,
als unser irdisches Dasein.
Das ewige Leben haben wir nicht,
weil wir uns so moralisch hervorgetan haben,
oder besonders religiös veranlagt sind,
sondern weil wir Dich, Herr Jesus Christus,
in unserem Leben haben,
also mit Dir verbunden sind.
Wem bewusst wird,
dass ihm diese Zusage ganz persönlich gilt,
der wird von einer unbändigen Freude gepackt werden.
Danke, Herr Jesus Christus,
für diese Gnade, die Du uns zuteil werden lässt.

Amen

Gebet 6:
Straßenverkehr

Herr Jesus Christus,
wir bitten Dich für alle Kraftfahrer
um Bewahrung auf ihren Wegen.
Gib Du ihnen Übersicht und Geistesgegenwart,
bewahre sie vor Leichtsinn und Verantwortungslosigkeit.
Stelle Du um ihre Kraftfahrzeuge alle Deine Engel,
dass sie sie auf jeder Fahrt begleiten und behüten.
Herr, bitte bewahre sie vor Unfällen,
Pannen und Verkehrsstörungen.
Sollten wir einmal in eine Situation kommen,
wo wir unseren Menschen »Erste - Hilfe« leisten müssen,
dann gib uns Du, dass wir das Richtige tun
und keinen weiteren Schaden an diesen Personen
verursachen.
Hilf uns bei unseren Problemen und Sorgen,
damit wir uns auf den Verkehr konzentrieren können.
Danke, Herr.

Amen

Gebet 7:
Allgemein

Wer sich in die liebenden Hände
unseres Herrn Jesus Christus
fallen lässt,
kann ganz bestimmt darauf vertrauen,
dass er sicher geleitet wird.
Wir legen uns ohne menschliche Sicherung
ganz in Deine Hände.
Denn je tiefer wir uns in Deine Hände legen,
desto schöner ist dann die Geborgenheit, Gnade und Güte
die von Dir ausgeht.
Hab´ Dank dafür, Herr Jesus Christus.

Amen

Gebet 8:
Götzen

Du bist der Herr, unser Gott.
Wir wollen keine anderen Götter haben neben Dir.
Herr, in Jesu Namen, wir brauchen kein goldenes Kalb,
das wir anbeten können,
wenn wir glauben, dass Du schweigst.
Auch wenn Du einmal schweigst, können wir sicher sein,
dass Du mitten unter uns bist.
Wir bitten Dich Herr, gerade in unserer Zeit,
uns vor Götzen zu bewahren.
Bitte öffne uns die Augen, damit wir sehen,
was unsere Götzen sind.
Manchmal erkennen wir es nicht
und bedürfen Deiner Hilfe.
Herr wir wissen, dass bestimmte Dinge in unserem Leben
Götzen darstellen können.
Das schöne neue Auto, mit dessen Pflege wir uns mehr
beschäftigen, als mit Deinem Wort.
Der Fernseher, vor dem wir länger sitzen, als zu beten.
Aber auch materielle Dinge,
die uns davon abhalten, Gemeinschaft mit Dir zu haben,
oder um Dein Wort den Menschen zu verkünden,
damit sie nicht verloren gehen.
Bitte vergib uns Herr,
wenn wir einen Götzen anbeten
und zeige es uns durch Deinen Heiligen Geist,
damit wir es ändern können.
Hab´ Dank Herr, für Deine große Güte.

Amen

Gebet 9:
Allgemein - Besondere Umstände

Herr Jesus Christus,
wir danken Dir dafür,
dass Du am Kreuz von Golgatha
Dein kostbares Blut für uns
und unsere Sünden vergossen hast.
Wenn wir auch manchmal in besonderen Situationen und
Umständen sind, sei es durch Leid, Armut, Krankheit
und die vielen anderen Dinge die uns plagen,
so können wir doch sicher sein,
dass all denen, die Gott lieben, alle Dinge zum Besten
dienen müssen.
Wenn wir in besonderen Lebenslagen sind,
verstehen wir es manchmal nicht.
Besonders, wenn irgendwelche Dinge lange Zeit dauern.
Aber wenn diese Zeit vorbei ist,
können wir mit Sicherheit rückblickend sagen,
dass es doch so richtig war.
Auch wenn uns in der Zeit der Läuterung
manchmal das Verständnis dazu fehlt.
Auf Dein Wort in der Bibel wollen wir uns immer
wieder berufen und Dich loben, preisen und erheben;
bis in alle Ewigkeit.
Danke, Herr Jesus.

Amen

Gebet 10:
SOS

Jesus, hilf mir!

Amen

Gebet 11:
Gebet um Liebe
(nach 1. Korinther, Kapitel 13, Vers 4 - 8)

Herr, bitte gib mir die Liebe,
die langmütig und gütig ist.
Die Liebe, die nicht neidet,
die nicht groß tut
und sich nicht aufbläht.
Die Liebe, die sich nicht unanständig benimmt
und nicht das ihre Sucht.
Die Liebe, die sich nicht erbitten lässt
und Böses nicht zurechnet.
Die Liebe, die sich nicht über die Ungerechtigkeit,
sondern die sich mit der Wahrheit freut.
Die Liebe, die alles erträgt,
die alles glaubt,
die alles hofft
und alles erduldet.
Gib mir diese Liebe, die niemals vergeht.
Danke, Herr Jesus Christus.

Amen

Gebet 12:
Gebet nach Psalm 23

Danke Herr, dass Du mein Hirte bist
und es mir an nichts mangelt.
Du lagerst mich auf grünen Auen
und führst mich zu stillen Wassern.
Du erquickst meine Seele
und leitest mich in Pfaden der Gerechtigkeit,
um Deines Namens willen.
Auch wenn ich wandere im Tal des Todesschattens,
fürchte ich kein Unglück,
denn Du bist bei mir;
Dein Stecken und Stab, sie trösten mich.
Du bereitest vor mir einen Tisch angesichts meiner Feinde;
Du hast mein Haupt mit Öl gesalbt,
mein Becher fließt über.
Nur Güte und Gnade werden mir folgen
alle Tage meines Lebens;
und ich kehre zurück ins Haus des Herrn lebenslang.
Danke dafür, Herr.

Amen

Der erste Band **Ursprung Bibel** enthält weitere 12 Sprüche, Gedichte und Gebete.

Er ist im Buchhandel unter der ISBN 978-3738613643 erhältlich.

Vom Team Mike Almara ist ein biografischer Roman unter dem Titel **Diagnose Seelenkrebs** erschienen.

Dieser Band ist im Buchhandel unter der ISBN 978-3739213828 erhältlich.